RÉPONSE À UN AMI CANADIEN

PRÉCÉDÉ DE

LETTRES À UN AMI QUÉBÉCOIS

Philip Resnick
Daniel Latouche

RÉPONSE À UN AMI CANADIEN

précédé de

LETTRES À UN AMI QUÉBÉCOIS

(Traduit de l'anglais par Claire Dupond)

Boréal

Conception graphique : Gianni Caccia
Illustration de la couverture : Pierre Pratt

© Les Éditions du Boréal, Montréal
Dépôt légal : 1er trimestre 1990
Bibliothèque nationale du Québec

Diffusion au Canada : Dimedia

Données de catalogage avant publication (Canada)

Latouche, Daniel, 1945 -
Réponse à un ami canadien / Daniel Latouche. —
Précédé de Lettres à un ami québécois / Philip Resnick.

Traduction de : Betrayal and indignation on the Canadian trail :
a reply from Quebec / Daniel Latouche.
Traduction de : Letters to a Québécois friend / Philip Resnick.

ISBN 2-89052-334-9

1. Latouche, Daniel, 1945 -   — Correspondance.
2. Resnick, Philip, 1944 -   — Correspondance.
3. Canadiens anglais — Correspondance.
4. Canadiens français — Correspondance.
5. Québec (Province) — Politique et gouvernement — 1960 -
6. Canada — Relations entre anglophones et francophones.
7. Canada — Politique et gouvernement — 1963-1984.
8. Canada — Politique et gouvernement — 1984 -
I. Resnick, Philip, 1944 -   . Lettres à un ami québécois. II. Titre.

FC630.R4714 1990   971.4'04   C90-096265-8
F1034.2.R4714 1990

Table des matières

AVERTISSEMENT

Ces lettres ont été écrites *en bloc* * en décembre 1988 à un ami québécois imaginaire, dans le sillage immédiat de l'élection fédérale de novembre 1988 et au moment même où le Québec était en proie à une vive controverse, à la suite du jugement de la Cour suprême sur la langue d'affichage. Le sort a voulu qu'elles paraissent un an plus tard et soient accompagnées d'une réponse de Daniel Latouche, ce que je n'avais évidemment pas prévu à l'époque de leur rédaction. Cette dernière année a été le théâtre de nombreux événements qui témoignent d'un durcissement des attitudes tant au Canada anglais qu'au Québec, en même temps que d'une tendance concomitante à opter pour des voies divergentes. Les sondages reflètent ce changement, tout comme les résultats de l'élection de 1989 au Québec. On constate une polarisation de plus en plus marquée autour de l'Accord du lac Meech, des droits linguistiques et de nos engagements respectifs envers le Canada en tant que pays.

Le lecteur ne devra pas s'attendre à ce que je traite des événements les plus récents dans les textes qui suivent

---

* Les mots et expressions en italique suivis d'un astérisque sont en français dans le texte.

9

ou à ce que je réagisse directement aux points soulevés par Daniel Latouche. (Cela exigerait une réponse au moins aussi longue que la sienne.) Ces lettres, qui n'ont à peu près pas été retouchées depuis leur rédaction initiale, visent plutôt à traduire fidèlement les réflexions d'un Canadien d'expression anglaise qui, jusque-là, avait éprouvé une totale sympathie pour le nationalisme québécois. Pourtant, à cause à la fois du débat sur le libre-échange et de la loi 178, il se voit obligé de reconsidérer sa position de fond en comble.

Le ton que j'ai adopté est tour à tour analytique et froidement objectif puis émotif et passionné. D'une part, j'ai voulu amorcer avec mon ami québécois un dialogue fondé sur certaines réalités historiques et contemporaines que nous avons tous deux besoin d'approfondir. D'autre part, je suis aussi sensible au nationalisme canadien-anglais et à notre propre quête d'une identité distincte que peut l'être n'importe quel nationaliste québécois face aux efforts du Québec pour définir la sienne. Néanmoins, mon intention première était de tendre la main à *mes amis québécois* * plutôt que de leur claquer la porte au nez. Ces lettres veulent donc aborder sans détour la pénible conjoncture actuelle, mais d'une façon qui ne risque pas d'hypothéquer l'avenir. Parallèlement, elles attestent de la douloureuse remise en question que les politiques poursuivies par les gouvernements Mulroney et Bourassa ont imposée à ce pays.

Philip Resnick
Vancouver, décembre 1989

Lettres à un ami québécois

Philip Resnick

1

Par où pourrais-je bien commencer ? L'élection du 21 novembre 1989 a eu lieu. Le Parlement a été convoqué ; l'adoption de l'Accord canado-américain de libre-échange n'est plus qu'une question de semaines. L'entente sera signée parce que le gouvernement qui en a décidé ainsi, même s'il n'a recueilli que 40 pour 100 à peine des voix et une minorité de sièges à l'extérieur du Québec, a obtenu la majorité absolue (53 pour 100) des votes et 63 des 75 sièges de cette province. Le fait que vous ayez accordé à un parti fédéral la marge nécessaire pour former un gouvernement majoritaire à Ottawa n'a vraiment rien d'exceptionnel. C'est ce genre de marge qui a si longtemps maintenu les libéraux au pouvoir, depuis Wilfrid Laurier jusqu'à Pierre Elliott Trudeau ; il n'y aurait donc aucune raison de priver de leur tour les conservateurs de Mulroney, mise à part peut-être une déception partisane.

Et pourtant, *cher ami* * (car vous êtes un ami et même davantage, *un semblable, un frère**, comme aurait dit Baudelaire), quelque chose a changé dans mes sentiments à votre endroit et, je le crains, dans ceux de bon nombre de Canadiens anglophones, qui marquera ce

13

pays de façon indélébile pendant toute une génération et peut-être plus. Bon nombre d'entre nous se sont sentis profondément blessés, en particulier ceux qui, ces dernières années, avaient fait preuve d'une grande sympathie envers les aspirations nationales des Québécois. Bref, nous nous sentons trahis.

C'est là un mot bien fort en tête de cette correspondance, et je sais déjà comment d'instinct vous réagirez à une telle accusation. « Trahis ? Mais de quelle trahison s'agit-il ?, riposterez-vous. De celle de notre propre destin comme peuple ? De celle de nos propres espoirs d'un épanouissement national, impitoyablement anéantis pendant la bataille pour le référendum de 1980 où, de concert avec ses élites politiques et économiques, le Canada anglais a clairement montré son jeu au moment où se décidait l'avenir du Québec en tant qu'éventuelle nation souveraine ? Non, *mon cher Canadien anglais* *, ne venez pas nous parler de vos angoisses et de vos malheurs parce que vous venez d'essuyer votre propre défaite référendaire. Il y a une justice en ce monde et vous n'avez que ce que vous méritez. »

Je suis tenté de répondre sur le même ton, de donner libre cours à ma colère devant votre ignorance délibérée de nos sentiments les plus profonds à l'endroit du libre-échange, devant votre égoïsme effréné à propos du Lac Meech, devant cette affectation qui a fini par caractériser vos prétentions à un quasi monopole du sentiment nationaliste. Comme si *vous* étiez les déshérités de la terre et que votre sort au sein du Canada était le moindrement comparable à celui de ces peuples minoritaires qui, un peu partout dans le monde, se voient dénier les droits et les libertés les plus élémentaires.

Mais je me retiendrai et ne laisserai pas éclater ma mauvaise humeur au moment où j'entame à peine notre correspondance. Il est frappant de voir comment, de part et d'autre, les récriminations peuvent rapidement prendre le pas sur le dialogue. Comment chacun recourt sans hésiter aux arguments les plus immédiats pour étayer ce qui lui semble le plus important, eu égard à son identité, et rejette sans ambages ce qui justifie le point de vue de l'autre. Déjà, je sens approcher ces deux solitudes, je vois se profiler l'intransigeance de peuples divisés, aux cultures et aux langues belligérantes.

Je ne prends pas la plume simplement pour exhaler un ressentiment dantesque qui aurait jailli du tréfonds d'une indignation poétique. Parce que, à vrai dire, je ne vous déteste pas ; je ne vous ai jamais détesté, *cher ami* *, et je n'ai nullement l'intention de faire retentir les tam-tams tribaux du Canada anglais en réponse aux vôtres. J'ai autre chose en tête, j'ai envie de vous parler comme personne ne l'a probablement encore jamais fait. Car ce qui est véritablement au cœur de ce sentiment de trahison que moi-même et bien d'autres éprouvons aujourd'hui, c'est le désir d'être reconnus, de vous voir admettre d'une façon ou d'une autre le type de société et de peuple que *nous* sommes réellement.

Il peut sembler étrange que j'adresse une telle requête à des Québécois qui, il n'y a pas si longtemps encore, cherchaient eux-mêmes à se faire reconnaître du reste du Canada et qui, jusqu'à ce jour, considéraient que leur survie comme société était sous le coup d'une perpétuelle menace. « Mais, serez-vous peut-être tenté de répondre, qu'y a-t-il donc à reconnaître dans le cas des Canadiens anglais ? Ils habitent la partie septentrionale de ce continent, ils ont un mode et un niveau de vie semblables à ceux des citoyens des États-Unis, ils ont dominé les institutions fédérales depuis la Confédération et ont généralement été libres de vivre comme bon leur semblait. Est-ce notre faute s'ils sont ternes et renfermés en regard des Américains, et s'ils sont sur la défensive à

15

propos de leur culture qui, à une ou deux exceptions près, n'a pas produit grand-chose d'original ou qui soit digne de mention ? Et pourquoi devrions-nous nous soucier de Toronto, de Halifax ou de Vancouver, alors que notre propre avenir est si problématique ? On ne peut guère s'attendre à voir un peuple autrefois conquis porter le fardeau, psychique ou autre, de son conquérant d'alors. »

Malgré cela, je veux aller au-delà de ces vieilles inimitiés. Et, contrairement à ce que croient beaucoup d'entre vous, je voudrais faire observer que le problème de la reconnaissance n'est pas à sens unique. Si je peux reprendre la fameuse métaphore de Hegel à propos de la relation maître-esclave (et, au cours des années soixante, plusieurs de vos artistes et de vos intellectuels les plus en vue se percevaient comme des esclaves soumis aux maîtres colonialistes anglophones), je dirais que le « maître », tout autant que l'« esclave », aspire à être reconnu. Non que je considère les rapports que nous entretenons aujourd'hui comme autre chose qu'une relation entre deux sociétés libres et égales. Mais, sans une reconnaissance mutuelle, il est impossible de progresser, ni d'être certain que la conscience de soi qu'aura acquise l'une des deux sociétés ne l'aura pas été au détriment de l'autre.

Assez curieusement, je pense que l'histoire connaît un revirement, qu'aujourd'hui c'est le Canada anglophone qui en appelle à votre compréhension et que c'est vous qui, en tant que collectivité, lui tournez le dos. Alors qu'il fut une époque où, privilégiant ses attaches britanniques, le Canada faisait cavalier seul, indifférent à vos sentiments nationaux pendant la guerre des Boers et les deux conflits mondiaux, imposant sa langue à la minorité francophone disséminée aux quatre coins du pays, dominant votre économie par l'intermédiaire de la minorité anglophone du Québec, les trois dernières décennies ont

16

été marquées par d'importants changements. Dès l'avènement de la Révolution tranquille, les Canadiens anglais en sont venus à se demander de plus en plus : « Que veut donc le Québec ? » Et, au cours des vingt dernières années, les tentatives pour répondre à cette question ont dominé dans une large mesure notre politique nationale et la vôtre.

J'aurai l'occasion, dans mes prochaines lettres, de revenir sur cette période. Pour le moment, laissez-moi relever quelques-uns des changements vécus par le Canada anglais, bien que je doute que vous soyez prêt à les reconnaître. Je ne vais pas faire état ici de phénomènes superficiels comme les lois sur le dimanche ou les restaurants que les panneaux publicitaires du métro de Montréal n'ont pas hésité à signaler pour promouvoir le tourisme ontarien (*Venez voir comme l'Ontario a changé*). Non, je m'intéresse plutôt aux attitudes fondamentales envers la langue, la culture et l'autodéfinition de ce pays.

Je n'ignore pas, mon ami, avec quel mépris plus d'un nationaliste québécois parmi les plus fougueux ont accueilli le rapport de la Commission royale d'enquête sur le bilinguisme et le biculturalisme, la Loi sur les langues officielles qui a suivi et le mouvement en faveur d'un bilinguisme accru au sein de la fonction publique fédérale. Ce n'étaient là que de vaines tentatives pour affaiblir le poids du nationalisme au Québec, pour inscrire dans un contexte faussement pancanadien une langue et une culture dont la survie, en dernier ressort, était le fait du Québec. Les inscriptions bilingues dans les aéroports ou sur les boîtes de corn-flakes, ou encore les messages diffusés dans les deux langues sur les réseaux nationaux de radio et de télévision ne remplaçaient nullement un Québec d'expression française et, de préférence, souverain. Et le soudain engouement pour les cours d'immersion en français auxquels des centaines de milliers de jeunes anglophones s'étaient inscrits, de St. John à Victoria, n'a provoqué qu'un cynisme amusé.

J'admets avoir emprunté plus ou moins le point de vue d'un minoritaire sur la portée de l'enseignement et de l'utilisation d'une langue seconde, et m'être laissé tenter par une formule à la suisse comme solution à nos différends linguistiques. Pas question pour les écoles de dispenser leur enseignement en allemand à Genève ou de le faire en français à Zurich, pas de considérations nébuleuses sur le bilinguisme dans les divers cantons ; bien au contraire, l'usage de telle ou telle langue y est défini en fonction de concepts territoriaux précis, sans égard aux droits linguistiques individuels. Pourquoi n'aurions-nous pu adopter le même principe au Canada ?

On aurait pu le faire, en effet, si la logique cartésienne avait eu préséance sur le pragmatisme canadien. Il y aurait eu, bien sûr, des perdants : la minorité anglophone du Québec aurait été forcée de renoncer à plusieurs de ses institutions solidement enracinées, comme ses écoles, ses hôpitaux, ses chaînes de radio et de télévision ; et, d'ici une génération ou deux, les francophones hors Québec auraient presque inévitablement été condamnés à l'assimilation. Mais, de cette façon, chaque culture majoritaire — française au Québec, anglaise dans les neuf autres provinces — aurait été libre de s'épanouir, en échange de quelques concessions mineures. Et c'est seulement au niveau fédéral, sur le territoire de la capitale nationale, et dans une certaine mesure, que le bilinguisme aurait été appliqué. Autrement, le Canada aurait été constitué de deux sociétés unilingues dont les minorités linguistiques n'auraient bénéficié que de droits plus ou moins symboliques.

Mais lorsqu'on approfondit la question, on devient immédiatement conscient du prix élevé, sociologiquement parlant, imposé aux minorités à seule fin de garan-

tir aux deux majorités la paix linguistique et culturelle.
Les anglophones du Québec, dont beaucoup y sont installés depuis plusieurs générations, qui voudraient continuer de vivre en anglais n'auraient d'autre possibilité que de plier bagage et de déménager (comme bon nombre des leurs au cours des années soixante et soixante-dix).

Au Manitoba, en Ontario ou au Nouveau-Brunswick, s'ils tenaient vraiment à conserver leur langue, les francophones seraient bien avisés d'abandonner leur province natale pour émigrer au Québec. Nous assisterions à un échange de populations, heureusement sans les massacres qu'ont connus le continent indien en 1947-1948 et, plus récemment, l'Arménie et l'Azerbaïdjan ; seule une fraction de ces minorités continuerait de s'incruster dans chacune des deux sociétés.

Qu'est-ce qui serait préférable ? Lorsque j'y repense aujourd'hui, un doute profond m'envahit. Nous vivons dans un monde où des minorités de toute allégeance — linguistique, raciale, religieuse — vivent à l'intérieur d'États-nations. Et nous constatons de plus en plus qu'elles sont fréquemment privées des droits humains les plus fondamentaux — le droit à la représentation politique, à l'enseignement dans sa langue, à la pratique religieuse, aux services sociaux et à l'emploi. Pourquoi voudrions-nous édifier une société sur des principes autres que la tolérance et une notion élargie des droits ?

Il ne s'agit pas là d'un argument à l'encontre des droits des majorités, qu'il s'agisse des francophones du Québec qui ont pris des mesures pour protéger et promouvoir leur langue, ou des Canadiens anglophones du reste du pays qui veulent continuer à vivre dans une société où l'anglais est la langue dominante. C'est plutôt un argument en faveur d'une vision plus ouverte et, finalement, davantage pluraliste d'un pays que celle qu'autoriserait une conception purement territoriale des droits linguistiques.

Les changements des vingt dernières années ont eu des répercussions importantes au Canada anglais. Je ne veux pas dire ici que la plupart des Anglo-Canadiens soient devenus bilingues ou aient l'intention de le devenir (même si une minorité substantielle de jeunes Canadiens posséderont une meilleure connaissance du français qu'auparavant). Pas plus que l'extension des réseaux français de radio ou de télévision à toutes les régions du pays n'a permis de rejoindre un vaste auditoire à l'extérieur du Québec. Absolument pas. Mais, assez subtilement, une majorité de Canadiens d'expression anglaise en sont venus à accepter le fait français comme un élément primordial de la mosaïque canadienne, comme quelque chose qui nous distingue incontestablement des États-Unis. Depuis les débats des chefs en période électorale, qui se déroulent maintenant d'abord en français, puis en anglais, jusqu'à une gamme complète de services du gouvernement fédéral, en passant par l'étiquetage et l'emballage des produits, la coexistence de deux langues officielles au Canada est devenue un fait acquis. Elle est perçue comme partie intégrante de l'identité du Canada, ici et à l'étranger (il suffit de penser à la francophonie), et ce, d'une façon qui aurait été inconcevable il y a quelque temps à peine.

Ne vous méprenez pas. Je ne veux nullement laisser entendre que le Québec soit tenu en otage par un Canada anglais en quête d'identité ; que votre spécificité linguistique soit la feuille de vigne qui couvre notre nudité. Comme je l'expliquerai plus loin, cela représente bien davantage pour le Canada anglais. Tout ce que je veux souligner ici, c'est que, en dépit de ses lacunes et des motifs politiques voilés qui la sous-tendent, cette version particulière du bilinguisme et du biculturalisme a contribué à façonner notre identité. Le Canada anglais d'aujourd'hui n'est pas intrinsèquement hostile à la survie du Québec en tant que collectivité sociologique distincte sur ce continent, à la façon dont les Loyalistes ou les Orangistes d'autrefois auraient pu l'être. Et la volonté assimilatrice du rapport Durham ne compte plus guère de sympathisants, sauf peut-être dans les coins les plus reculés du Canada anglais. Pour reprendre le titre d'un film sur les vétérans grisonnants de la Guerre civile espagnole, *La guerre est finie* *. Et, maintenant que nous sommes sur le point d'aborder le XXIe siècle, nous devons nous tourner carrément vers de nouvelles réalités.

Il va de soi que l'attitude du Canada anglais envers le Québec n'est pas qu'admiration et accommodements. Et, sous l'effet de l'inévitable poussée du régionalisme, des décisions importantes, susceptibles de dresser une province canadienne-anglaise contre le Québec, comme l'attribution du contrat pour les CF-18, revêtiront parfois une dimension nationaliste. Mais ce que je tiens à souligner, c'est l'acceptation fondamentale du fait français comme une caractéristique nécessaire et souhaitable de la société canadienne dans son ensemble, et ce, par de larges segments de l'opinion publique au Canada anglais.

Vous pouvez prendre cette affirmation pour ce qu'elle vaut. Ou n'y voir qu'une piètre consolation qui compense l'anéantissement du rêve d'un Québec souverain, que le triomphe de l'idéologie fédéraliste de Pierre Elliott Trudeau, cet ennemi irréductible du nationalisme québécois. Mais rappelez-vous que c'est à André Laurendeau, un homme dont les convictions nationalistes étaient irréprochables, qu'on doit les notions de bilinguisme et de biculturalisme, et que l'adoption de ce double concept répondait aux aspirations des premiers nationalistes *canadiens-français*, depuis Henri Bourassa. Rappelez-vous aussi, malgré votre ressentiment et vos doutes, que, pour le Canada anglais, la Loi sur les langues officielles, et tout ce qui s'en est suivi, représentait un compromis d'importance à l'endroit de la spécificité culturelle et linguistique du Québec.

Il faudra peut-être aller plus loin. Nous avons déjà pu constater une certaine propension en ce sens relativement à la clause sur « la société distincte » dans l'Accord du lac Meech de 1987. Et même si le Lac Meech est maintenant menacé, pour des raisons dont je débattrai à un autre moment, il faut reconnaître qu'il existe au Canada anglais une volonté d'accepter le Québec, aux propres conditions de celui-ci, et de prendre au sérieux ses aspirations nationales.

Quant à savoir s'il existe au Québec une pareille volonté de prendre au sérieux le Canada anglais et ses aspirations nationales, cela est beaucoup moins clair. En fait, c'est justement parce que cette volonté me semble vraiment absente que j'ai décidé d'écrire ces lettres. Si vous les lisez, peut-être y découvrirez-vous quelques-uns des facteurs qui font du Canada anglais une société distincte. Et peut-être, peut-être seulement, pourrons-nous commencer à envisager pour nos deux sociétés un avenir meilleur, où elles se sentiront plus solidaires.

2

Hier, la Cour suprême s'est prononcée sur la loi 101 et a annulé les clauses imposant l'unilinguisme français pour l'affichage au Québec. Le Mouvement Québec français, la Société Saint-Jean-Baptiste et d'autres battent déjà le rappel et un article dans *Le Devoir* parle de la seconde victoire de Wolfe sur Montcalm. Est-ce vraiment le bon jour pour parler de l'identité du Canada anglais, pour passer sous silence cette nouvelle vague de ferveur nationaliste qui est sur le point de déferler sur le Québec ?

Je peux difficilement ignorer votre nationalisme, et ces lettres ne visent d'ailleurs nullement à vous détourner de votre engagement envers votre identité à seule fin que vous compreniez mieux la nôtre. Mais je voudrais prendre un instant pour dire avec quelle passion vous résistez à l'assimilation linguistique et culturelle, et pour vous demander si vous êtes le seul peuple au Canada qui soit obsédé par sa survie en tant que société distincte.

La réponse coule de source : non, vous ne l'êtes pas. S'il est un groupe dont les prétentions à la spécificité sont bien antérieures aux vôtres et aux nôtres, c'est indubitablement celui des peuples aborigènes du Canada. Il est vrai que ceux-ci ont été écrasés par la force des armes, par les lois du commerce, par le simple poids du nombre ; de ce fait, quelle que soit la définition qu'on en donne, ils représentent aujourd'hui à peine 2 pour 100 de toute la population du Canada et s'efforcent du mieux qu'ils peuvent de survivre au sein d'une société blanche qui s'est développée sans eux. Le fait qu'il nous faudra encore des années avant de parvenir à un règlement équitable de leurs revendications territoriales en Colombie-Britannique et en Alberta, que dans le nord du Québec les priorités de l'électrification aient prévalu sur le mode de vie des Cris prouve combien nous sommes loin d'envisager la défense des droits de ces peuples avec la passion que nous manifestons à défendre les nôtres.

À ce commentaire sur les peuples aborigènes, envers qui nous ne nous sommes toujours pas acquittés de nos dettes historiques, je voudrais ajouter quelques mots sur le tissu même du Canada anglais, formé d'une multitude de groupes aux origines diverses. J'insiste sur cette pluralité parce que le Canada d'expression anglaise affiche une indéniable diversité culturelle (on commence, pour la première fois, à percevoir les signes d'une tendance similaire au Canada d'expression française) et que, par conséquent, il n'y a rien de racial (par opposition à linguistique) dans l'emploi que je fais du terme « anglais ». Comment pourrait-il en être autrement quand, pas plus que vous-même, je ne peux retrouver mes ascendances britanniques, quand, de plus, je sais parfaitement vers quoi une définition purement raciale du nationalisme a conduit l'Allemagne et la majeure partie de l'Europe il y a tout juste un demi-siècle ?

La conquête britannique a toutefois eu de lourdes conséquences sur la partie septentrionale de ce continent. Elle a empêché l'absorption complète de l'Amérique du Nord britannique, lors de la révolution américaine, par ce qui allait devenir les États-Unis. Quelques-uns, tout au moins, parmi ceux qui étaient opposés à cette scission révolutionnaire d'avec la Grande-Bretagne et à la nouvelle foi républicaine se sont installés au nord de la Nouvelle-Angleterre et des Grands Lacs, ont peuplé les Maritimes, l'Estrie, Montréal et ce qui ne tarderait pas à devenir le Haut-Canada. La coexistence, la contiguïté, des Anglais et des Français qui en a résulté allait devenir une caractéristique permanente de ces nouvelles colonies britanniques.

Je dois avouer que j'entretiens des sentiments ambigus envers les Loyalistes, leur fidélité au roi et à l'Union Jack, leur fervente allégeance à la constitution hiérarchique de la Grande-Bretagne, leur refus délibéré des vertus démocratiques. (Car il s'agit bien ici de la constitution non réformée d'avant 1832, qui n'accordait le droit de suffrage qu'à une infime fraction de la population adulte mâle et dotait de tous les droits les grandes familles aristocratiques, qu'elles fussent whigs ou tories.) Et, je le dis sans ambages, il m'est beaucoup plus facile de m'identifier aux révolutionnaires américains de 1776, au style passionné de la Déclaration d'indépendance rédigée par Jefferson (« Nous tenons pour évidentes ces vérités que tous les hommes naissent égaux »), à l'œuvre constitutionnelle des pères fondateurs (« Nous, le peuple des États-Unis... ») ou à la Déclaration américaine des droits (« Le Congrès n'adoptera aucune loi favorisant l'imposition d'une religion établie ou en prévenant le libre exercice »), qu'à la terne réalité coloniale de l'Amérique du Nord britannique de la fin du XVIIIe siècle. Et je ne tire pas non plus une très grande fierté de l'Acte constitutionnel de 1791 ou de l'Acte d'union de 1840, lui-même issu directement de la défaite de la Rébellion de 1837, la seule et unique tentative de révolution qu'ait jamais connue le Canada. J'ai toujours regretté l'absence, dans notre pays, de cette tradition révolutionnaire qu'on retrouve en

France ou aux États-Unis ; je suis convaincu en outre que cela nous a valu de payer chèrement notre politique culturelle, et ce, des deux côtés, anglais aussi bien que français.

Cela dit, je ne tiens aucunement à récrire l'histoire pour la rendre conforme à mon propos. Je suis prêt à reconnaître qu'en dépit de sa dimension contre-révolutionnaire et de son attachement à un empire britannique pour lequel, pas plus que vous, *cher ami* *, je n'éprouve un très grand enthousiasme, le mouvement loyaliste a, du côté anglophone de ce qui allait devenir le Canada, jeté les bases d'une société relativement différente de celle qui allait s'affirmer au sud de la frontière. Cette société s'est révélée plus disciplinée, plus respectueuse des normes et des valeurs religieuses, et moins passionnément individualiste et libérale que sa contrepartie américaine. De plus, à sa façon, elle a adopté cet ensemble de valeurs nettement plus conservatrices qui a marqué la société canadienne-française pendant les beaux jours de l'ultramontanisme, alors que les valeurs libérales étaient associées aux Jacobins, à la Révolution française, à 1848, que sais-je encore ? Je ne suis pas le premier à relever cette dimension contre-révolutionnaire, commune à nos deux sociétés, malgré les difficultés que cela a valu à tous ceux qui, tels vous et moi, entretiennent un siècle plus tard des opinions plus radicales.

Tout comme vous avez puisé dans les valeurs ultra-catholiques et le refus de la modernité les éléments d'un certain retranchement culturel, ainsi les valeurs monarchiques et conservatrices ont-elles servi un même dessein du côté canadien-anglais. Nos ancêtres n'ont peut-être pas employé les mots «Je me souviens», mais, pour les Canadiens anglais, à l'époque de la Confédération et même après, cette volonté de demeurer liés à la Grande-Bretagne et, plus spécifiquement, de refuser d'être absorbés par les États-Unis était aussi chargée de passion que votre désir de survivre. En fait, cette volonté est devenue, depuis lors, le *leitmotiv* du nationalisme canadien. Il est un autre élément de la Confédération dont les conséquences méritent d'être soulignées. Pour vous, au Québec, le concept de nation était déjà bien vivant au moment de la Conquête. Puis, au cours du XIXe siècle, des mouvements comme ceux des Patriotes et des Rouges lui ont donné une dimension politique. L'année 1867 n'a pas présidé à la soudaine naissance *ex ovo* d'une identité canadienne-française. Elle a simplement marqué la reconnaissance de cette identité par l'annulation de l'Acte d'union et l'obtention par la nouvelle province de Québec des pleins pouvoirs dans des domaines tels que l'éducation, les droits civils et le droit des biens qui, pour l'élite et la population francophones, revêtaient une suprême importance.

Les anglophones, pour leur part, se voyaient dotés par la Confédération du cadre nécessaire à la création, lente et progressive, de leur identité. Parler d'une nation canadienne ou canadienne-anglaise en 1867 serait faire une entorse à la réalité. Tout au plus assistait-on à l'émergence d'un gouvernement fédéral ou, si l'on préfère, d'un État canadien qui, même s'il était privé d'une autonomie complète dans nombre de domaines cruciaux (les relations extérieures, la défense, l'interprétation et l'amendement de la Constitution), n'en a pas moins contribué par l'exercice de pouvoirs nouveaux et considérables à l'édification d'une nation. C'est surtout dans le secteur économique que cela s'est avéré d'une portée décisive — une devise stable, la capacité d'emprunter à l'étranger (et de rassurer les investisseurs britanniques), la construction du chemin de fer et les protections douanières découlant de la Politique nationale mise de l'avant par John A. Macdonald. D'un point de vue symbolique, par ailleurs, le nouveau dominion du Canada, comme on l'appelait alors, allait devenir peu à peu pour les Canadiens d'expression anglaise un pôle de loyauté au moins aussi puissant que ses pendants strictement régionaux. C'est ainsi que le gouvernement fédéral a concouru à insuffler le sens de la nation à un pays qui en était jusque-là dépourvu.

Sans m'attarder indûment sur la période postconfédérale, je voudrais tout de même relever les différences de perspective passablement marquées qui existent entre les anglophones et les francophones à propos de la Constitution fédérale adoptée en 1867. Pour les Canadiens français, l'élément crucial en était l'émergence d'une province jouissant d'une autonomie considérable et dont ils seraient définitivement les maîtres. Pour les Canadiens anglophones, c'était l'avènement du gouvernement fédéral, à la fois germe et présage d'identité. Cette divergence allait se manifester plus d'une fois au cours de notre histoire, à l'occasion des guerres et des crises économiques comme la Dépression et, plus récemment, depuis la Révolution tranquille. La passion que vous témoignez à l'égard du gouvernement du Québec, bien des Canadiens anglais l'éprouvent à l'endroit du gouvernement du Canada.

« *Des banalités, des lieux communs* *, vous entends-je murmurer d'ici. Nous savons depuis longtemps que vous êtes des centralistes dans l'âme, que sans le Québec le fédéralisme aurait eu davantage les coudées franches, que seule notre vigilance vous a empêchés de réduire à l'état de mascarade la répartition des pouvoirs prévue par l'Acte de l'Amérique du Nord britannique. N'essayez pas de nous amadouer en qualifiant l'État fédéral de germe de votre identité. C'est là un argument qui nous incite à le percevoir encore plus comme une menace pour la nôtre. »

Fort bien, mon ami, mais vous ne faites que répéter, à votre tour, certains *lieux communs* *. Ce que j'essaie d'expliquer, c'est que, à bien des égards, notre sens de la nation plonge ses racines dans ce gouvernement fédéral que vous méprisez tant, que sans cet État central il ne peut y avoir de véritable nation canadienne (ou canadienne-anglaise). Depuis les quelque cent vingt-cinq ans que la Confédération existe, tous nos symboles nationaux y ont été associés. De la gendarmerie royale aux grands projets ferroviaires, des forces armées à la radiotélédiffusion nationale, aux programmes sociaux ou au drapeau, les Canadiens anglais ont toujours progressé à l'intérieur de ce cadre. L'affaiblir ou le démanteler serait porter un coup à notre identité.

Une autre caractéristique de cet État mérite de retenir votre attention : il nous sert de rempart contre l'assimilation par les États-Unis. Vous pensez peut-être que j'exagère, que ceux-ci entretenaient d'autres visées impérialistes que l'annexion du Canada. Vous pourriez aussi rappeler que, en dépit du prétendu antiaméricanisme dont se targuait l'Ontario ou parfois les Maritimes, la majorité des fermiers, des ouvriers et des hommes d'affaires canadiens, surtout dans l'Ouest, étaient infiniment plus attirés par les États-Unis, que des millions de Canadiens anglais (et des centaines de milliers de Canadiens français) s'étaient résolus à s'installer outre-frontière.

Je serai franc et n'hésiterai pas à dire que l'attitude du Canada anglais envers les États-Unis n'était pas exempte d'une certaine forme de schizophrénie, qui n'est pas sans rappeler vos propres comportements à l'endroit de cet État-nation qu'on appelle le Canada. Nous avons été attirés par les États-Unis, par leur dynamisme économique, leur vigueur culturelle, leur puissance écrasante dans le monde des affaires. Parallèlement, nous avons craint d'être absorbés par leur économie, nous

29

avons craint d'être absorbés par leur économie, nous nous sommes demandé s'ils utilisaient toujours leur puissance à bon escient, nous avons trouvé profondément répugnants certains traits de leur culture politique, depuis le maccarthysme et le racisme institutionnalisé jusqu'à leur chauvinisme et leur taux élevé de criminalité. Et, poussés parfois par des motifs conservateurs et contre-révolutionnaires, parfois par des motifs plus égalitaires et plus collectifs, comme les programmes régionaux de péréquation ou l'assurance-santé, nous avons cherché à bâtir une société différente.

Notre attitude envers les États-Unis a connu diverses phases. Jusqu'en 1914, c'est le principe britannique de la loyauté à l'Empire qui a prévalu et qui, au même titre que les implacables intérêts financiers, était au cœur des manifestations sentimentales contre la réciprocité qui ont provoqué la défaite des libéraux de Laurier lors de l'élection de 1911. Avec son carnage effroyable de tous côtés, ses 65 000 soldats canadiens tués au front (essentiellement des Canadiens anglais) et les 150 000 autres qui y ont été blessés, les minables tactiques des Britanniques sur les champs de bataille français, la Première Guerre mondiale a considérablement renforcé nos aspirations à l'autonomie. Le traité de Versailles, en consacrant l'admission, à titre de membre distinct, du Canada à la Société des Nations a rendu tangible l'expression de ce besoin d'autonomie. Au cours des années vingt, nous avons refusé d'intervenir dans les affaires britanniques d'outremer (la crise de Chanak), avons échangé des ambassadeurs avec les États-Unis, la France et plusieurs autres pays, et avons commencé à négocier et à signer des traités de notre propre chef. Le statut de Westminster, signé en 1931, a consacré l'indépendance des dominions en matière de relations internationales, indépendance qui allait se trouver renforcée par l'affaiblissement croissant de la puissance britannique et par l'effritement de son empire à l'issue de la Seconde Guerre mondiale.

À mesure que se dénouaient nos liens avec la Grande-Bretagne, ceux que nous entretenions avec les États-Unis commençaient à se resserrer. Et tandis que le Canada passait, selon la formule de Harold Innis, « du statut de colonie à celui de nation à celui de colonie », notre culture et notre économie politique prenaient de plus en plus une coloration américaine ou nord-américaine. Si les conservateurs de Macdonald, de Robert Borden ou de R.B. Bennett avaient symbolisé l'ancienne mentalité nationaliste probritannique, le Parti libéral des Laurier, Mackenzie King, Louis Saint-Laurent et L.B. Pearson en était venu, lui, à incarner une tendance davantage proaméricaine de la conscience canadienne.

De nouveau, on voyait se manifester un vieux réflexe qui, comme mode de développement, avait relativement bien servi le Canada, à savoir cette faculté de lier notre sort à celui d'un empire en pleine ascension. Au XIXᵉ siècle, les principaux secteurs de notre économie, soient l'industrie dans les provinces du Centre et le blé dans l'Ouest, s'harmonisaient parfaitement avec un monde où la Grande-Bretagne était encore une puissance économique de première importance. La prépondérance des mines et de l'électricité, du gaz naturel et du pétrole, de même que l'expansion d'un secteur industriel aux ramifications beaucoup plus vastes ont coïncidé avec l'accession des États-Unis au statut de puissance capitaliste par excellence et d'État le plus puissant de toute la planète.

Ainsi donc, après la Seconde Guerre mondiale, nous avons renoncé à nos liens de toujours avec la Grande-Bretagne pour en nouer de nouveaux avec les États-Unis. Nous avons adopté en 1947 une loi canadienne sur la citoyenneté (cessant, du même coup, d'être simplement des sujets *britanniques*) ; en 1949, nous n'avions plus à interjeter appel devant la section judiciaire du Conseil privé ; nous avons commencé, en 1952, à nommer des gouverneurs généraux nés au Canada et à supprimer toute référence au mot « dominion » (à connotation trop coloniale). Au cours des années soixante, nous avons remplacé le pavillon rouge et son Union Jack par le drapeau à feuille d'érable ; et au début des années quatre-vingt, nous avons rapatrié la Constitution canadienne, ne conservant comme ultimes liens anémiques avec la Grande-Bretagne que la monarchie et le Commonwealth. Nous sommes alors devenus les « seconds » des États-Unis en matière de défense. Cette politique a débuté avec la Commission permanente canado-américaine de défense, créée en 1940, au moment où la situation était particulièrement critique sur le front européen. Elle s'est poursuivie avec l'accord de Hyde Park consacrant en 1941 notre collaboration à la production de défense, l'entente de 1947 sur l'aménagement de réseaux de radar dans le nord du Canada, l'établissement des réseaux Pinetree, Mid-Canada et DEW, au début des années cinquante, l'Accord sur la défense aérienne de l'Amérique du Nord de 1957 et, finalement, l'Accord sur le partage de la production de défense, signé en 1959.

En politique étrangère, nous avions tendance, pendant la guerre froide, à nous aligner sur les positions américaines. D'où notre appui enthousiaste à la création de l'OTAN, notre participation à la guerre de Corée, notre refus, pendant vingt ans, de reconnaître la République populaire de Chine et notre rôle au sein de la Commission internationale de contrôle en Indochine. Dans le domaine économique, l'afflux massif des capitaux d'outre-frontière a abouti à la mainmise américaine sur l'économie canadienne qui, tout au long des années cinquante et soixante, s'est maintenue à un niveau sans précédent pour un pays industrialisé. En ce qui a trait à la culture de masse, les revues, films, émissions télévisées, etc., portaient la lourde empreinte de l'influence américaine.

Cependant, même aux plus beaux jours de l'hégémonie américaine, la résistance à la domination de nos voisins du Sud était manifeste dans de nombreuses sphères. C'est dans le domaine de la culture qu'elle était le plus tangible, comme en témoigne d'abord la création de la Société Radio-Canada pendant les années trente pour faire contrepoids aux stations radiophoniques américaines. Selon l'expression de Graham Spry, fondateur de la League for Public Broadcasting, le Canada se devait de choisir entre « l'État et les États ». C'est aussi cette étroite alternative qui a donné lieu à la création de l'Office national du film durant la Seconde Guerre mondiale, puis, en 1949, à la Commission royale d'enquête Massey sur l'avancement des arts, lettres et sciences au Canada et, à la suite de ses recommandations, à la création du Conseil des Arts en 1957. Toujours pendant les années de l'après-guerre, c'est également elle qui a amené le gouvernement fédéral à contribuer de façon beaucoup plus poussée au financement de l'enseignement supérieur et de la recherche.

Des motivations du même ordre ont présidé à la création en 1937 de Trans-Canada Airlines (qui allait devenir Air Canada) et de l'Énergie atomique du Canada à l'époque du second conflit mondial, puis ont inspiré le projet de construction d'un gazoduc entre l'Alberta et l'Ontario au milieu des années cinquante, pour déboucher enfin sur la création de l'Office national de l'énergie en 1958. Ces motivations étaient au cœur des préoccupations relatives à l'ampleur de l'influence économique américaine, énoncées en 1956 dans le rapport préliminaire de la Commission royale d'enquête sur les perspectives économiques du Canada, puis reprises quelques années plus tard par le gouverneur de la Banque du Canada, James Coyne. Ensuite, de temps en temps, comme dans le cas de notre position envers Cuba après 1959, le Canada a montré qu'il pouvait se démarquer des États-Unis. Ce n'est cependant pas avant la fin des années soixante qu'on allait assister à la montée d'un nationalisme canadien d'une facture plus indépendante, soit quelques années après l'émergence de votre propre nationalisme, au Québec. Je reviendrai sur l'un et l'autre dans mes deux prochaines lettres. Mais avant que je ne m'interrompe aujourd'hui, laissez-moi vous rappeler deux points d'une importance primordiale. Tout d'abord, le Canada anglais s'est forgé, selon son propre mode, une identité fondée sur une identification profonde aux institutions de l'État fédéral. En second lieu, il a, tout au long de son histoire, été attiré par les États-Unis en même temps qu'il s'en défiait. Pourtant, sa volonté de ne pas se laisser écraser ne s'est jamais démentie et c'est elle qui, aujourd'hui, alimente le sentiment national. Si vous voulez vraiment nous comprendre, ne sous-estimez jamais ces deux facteurs.

3

Toute cette histoire est en train de se corser. Ce qui avait débuté par une tentative relativement innocente d'expliquer le Canada anglais à un ami québécois, au lendemain des élections fédérales, revêt de nouvelles dimensions à la lumière de la crise constitutionnelle qui frappe actuellement le Canada tout entier. Sérieusement échaudé par la question linguistique en 1976 et se tenant aux écoutes, le gouvernement Bourassa vient de décider de limiter la « liberté d'expression » en anglais à l'affichage à l'intérieur des commerces. Allant à l'encontre à la fois de la Charte canadienne des droits et libertés et de la propre Charte des droits du Québec, il invoque la clause nonobstant. Répliquant du tac au tac, le premier ministre conservateur du Manitoba se dissocie de l'Accord du lac Meech, déjà ébranlé par l'opposition libérale et néo-démocrate dans la foulée du 21 novembre. Des ministres anglophones ont démissionné du gouvernement du Québec ; des ministres francophones jurent qu'il n'y aura plus jamais de débats constitutionnels si le Lac Meech se solde par un échec. Un imbroglio canadien classique, dans la plus belle tradition des années soixante et soixante-dix.

J'avais l'intention d'évoquer, dans ma lettre d'aujourd'hui, l'époque où une nouvelle conscience québécoise s'était fait jour, suscitant en retour une certaine *prise de conscience* * au Canada anglais. Mais déjà nos réactions parallèles en même temps que diamétralement opposées au troisième round (ou est-ce le treizième ?) de la question linguistique donnent à penser qu'il n'y a rien de nouveau sous le soleil, que les batailles de Saint-Léonard et de la loi 22 ont repris de plus belle.

Avant de passer à des thèmes familiers relevant d'un passé récent, je voudrais vous livrer mes impressions sur ce cul-de-sac. Celui-ci n'a rien de surprenant pour quelqu'un qui vient de passer l'année 1987-1988 à Montréal, qui a fréquenté les milieux francophones où le port de l'insigne « 101 » à la boutonnière était de rigueur, écouté des conversations où le symbolisme de l'affichage était devenu une question de dignité vitale pour compenser deux siècles de domination anglophone, et assisté de loin au débordement d'émotion qui a éclaté, l'autre soir, au centre Paul-Sauvé. Je peux donc me mettre à votre place, me rappeler le visage de Montréal des années cinquante ou du début des années soixante, avec son quartier des affaires où l'anglais était omniprésent, et comprendre votre ferveur. On constate une singulière volonté de régler une fois pour toutes et en faveur de la majorité l'historique dichotomie anglais-français du travail et de la langue. Et si les Anglos du Québec doivent subir l'humiliation (comme ils le conçoivent eux-mêmes, de même que leurs chroniqueurs et d'Iberville Fortier, commissaire canadien aux langues officielles) de se voir interdire d'afficher dans leur langue à l'extérieur des commerces et si le jugement de la Cour suprême est bafoué, eh bien, *tant pis* * ! Il est grand temps qu'ils apprennent qui est le maître de maison et qui est, au mieux, un invité tout juste toléré.

Je retrouve également dans vos réactions un peu de cette indifférence à l'endroit du Canada anglais que j'avais déjà décelée dans votre attitude au moment des débats sur le libre-échange. « Quelle différence cela peut-il faire que l'on voie s'effondrer l'édifice laborieusement assemblé du bilinguisme et du biculturalisme, que les réactions au geste du Québec contribuent à envenimer les relations entre les deux sociétés ? Les Canadiens anglais à l'extérieur du Québec peuvent bien s'inquiter subitement du sort de leurs pauvres cousins qui y vivent, mais les a-t-on jamais vus manifester la moindre inquiétude lorsque les victimes étaient des Canadiens français ? S'ils ne nous reconnaissent pas le droit de prendre des mesures pour nous protéger collectivement (même si cela empiète sur certains droits d'expression individuels, officiellement tenus pour sacro-saints), alors nous n'avons que faire de leurs nobles sentiments à l'égard des institutions bilingues. Pourquoi devrions-nous nous justifier quand c'est notre destin, et notre destin seul, qui est en cause dans le choix des politiques linguistiques au Québec ? »

Face à de tels arguments, *cher ami**, je peux seulement répliquer que, pour étayer vos positions, vous devez à vos concitoyens de longue date le même genre d'explications que celui que les Français ou les Américains éclairés du XVIIIe siècle étaient prêts à fournir au monde pour justifier leurs actions — autrement dit, des arguments raisonnés. Et vous avez le devoir d'écouter les réfutations également raisonnées, parce que votre position résistera mieux à l'examen de l'opinion publique si elle a d'abord franchi le cap d'une pareille scrutation.

La principale réfutation est empruntée à la sagesse populaire : « On ne répare pas une injustice par une autre. » Il est incontestable que, pendant longtemps, les Québécois, *nés pour un petit pain**, n'ont pas eu la part belle, que sur les plans politique et économique ils ont occupé un rang relativement inférieur au sein de la société canadienne. Il est également vrai que vous pourriez rejeter une partie du blâme sur vos élites — politiques, ecclésiastiques, professionnelles —, mais la pilule n'en serait pas moins amère. Ce n'est donc que justice si, à partir de 1960, vous avez cherché à redresser la situation en utilisant, pour ce faire, les leviers de l'État provincial. Vous avez pris des mesures pour moderniser votre système d'enseignement, promouvoir l'économie et les entreprises francophones, fournir des services sociaux plus adéquats à vos concitoyens, intensifier la présence du Québec au niveau international et nouer des liens avec l'ensemble de la francophonie. Cela a évidemment provoqué des frictions avec Ottawa — pensons aux conférences sur l'éducation au Gabon et au « Vive le Québec libre ! » —, mais cela aussi faisait partie d'un processus de modernisation dont les résultats sont, aujourd'hui, on ne peut plus tangibles.

Parallèlement, vous avez voulu limiter l'attrait exercé par l'anglais sur les immigrants arrivant au Québec et peut-être même sur certains francophones, tentés de franchir la barrière linguistique à l'intérieur même des frontières québécoises. De violentes bagarres ont éclaté dans les quartiers limitrophes de Montréal, les revendications en faveur d'une protection accrue du français se sont multipliées, atteignant leur point culminant, comme nous le savons tous, avec l'adoption de la loi 101, la Charte de la langue française, en 1977. Celle-ci garantissait la primauté du français non seulement au sein de tous les services et institutions gouvernementaux, mais également dans les sphères commerciale et économique de la province (dans la mesure, du moins, où celles-ci n'étaient pas rattachées à un contexte canadien et nord-américain plus vaste). En canalisant les nouveaux immigrants vers le système d'éducation en français, elle a posé les jalons d'une future société francophone davantage axée sur la multiethnicité et ceux du dépérissement progressif de la collectivité anglophone et de ses institutions.

Jusque-là, j'étais prêt à vous appuyer. Et je pense qu'il est juste de dire que la plupart de ceux qui se situent à la gauche de l'échiquier politique ou qui ont une attitude authentiquement libérale auraient adopté la même position. Pourquoi refuser à une collectivité linguistique et culturelle qui vit au milieu d'un océan d'anglophones le droit légitime de se protéger contre une éventuelle assimilation ? Pourquoi, en prolongeant d'un cran ce raisonnement, nier à un peuple qui pourrait chercher à s'en prévaloir, le droit politique à l'autodétermination, quand on voit partout des États accéder à leur indépendance ? C'est ce qui explique l'empressement manifesté par une poignée d'anglophones (dont j'étais) à prendre parti pour le camp du « Oui » lors du référendum de 1980 et, malgré leur opposition émotionnelle à l'indépendance du Québec, la reconnaissance par une grande majorité de Canadiens anglais du droit du peuple québécois à décider démocratiquement de son maintien au sein de la Confédération canadienne.

Comme on le sait, le rejet de la souveraineté-association s'explique, entre autres choses, par le fait que les Québécois francophones étaient eux-mêmes partagés en deux camps d'égale force sur cette question. La défaite référendaire a donné le coup d'envoi d'un nouveau round de négociations constitutionnelles qui a abouti à la Charte des droits et à la formule de rapatriement de novembre 1981, que le gouvernement du Québec a refusé d'avaliser. Elle a également provoqué indirectement une deuxième série de négociations qui ont débouché en 1987 sur l'Accord du lac Meech, lequel réaffirmait la spécificité du Québec. Jusqu'au 21 novembre 1988, j'étais prêt, en effet, à tout avaler, même si je m'inquiétais réellement d'un affaiblissement du pouvoir central, et à accepter le Lac Meech précisément pour cela.

Aujourd'hui, je voudrais vous demander sans détour si votre survie dépend réellement de l'application à la lettre de la loi 101, assortie seulement de quelques amendements on ne peut plus inoffensifs. Vaut-il véritablement la peine de passer outre au dernier jugement de la Cour suprême et de mettre en évidence la position minoritaire des anglophones au sein de la société québécoise, à seule fin d'affirmer les droits de la majorité ? Que valent les droits de la majorité, les droits collectifs nationaux par rapport aux droits individuels ou, si l'on préfère, aux droits collectifs d'une minorité nationale ? Et l'identité d'un groupe peut-elle même s'épanouir si cela se fait au détriment de celle de l'autre groupe ?

Vous me corrigerez si je me trompe, *cher ami* *, mais je décèle sous votre débordement d'émotion rien de plus que le désir de vous venger, de faire payer aux Anglos leurs péchés par omission et par action. Et pardonnez-moi si je refuse, cette fois, de vous suivre sur ce terrain, parce que je ne vois là aucun motif susceptible de justifier vos actes. Est-ce que quelques pancartes bilingues dans les quartiers montréalais de Notre-Dame-de-Grâce ou de Snowdon, où l'anglais apparaîtrait en bien plus petits caractères que le français, risqueraient vraiment de faire s'écrouler l'édifice de la culture française au Québec ? L'offre d'une certaine reconnaissance tacite du caractère légitime de la langue de la craintive minorité anglophone ne témoignerait-elle pas de la maturité du nationalisme québécois, de sa capacité à tendre enfin la main à cette minorité dont le rôle, tout au long de votre histoire, a peut-être été des plus problématiques, mais qui, depuis quelques années, a fait de louables efforts pour s'adapter à ce nouveau Québec ? Et ce geste n'aurait-il pas simultanément valeur de symbole en signifiant au Canada anglais que son acceptation du bilinguisme et du biculturalisme comme élément inaltérable de l'identité canadienne n'est pas passée inaperçue ? Je sais combien il est difficile pour des adversaires (pour ne pas dire des ennemis) de longue date d'accepter de se reconnaître (et, partant, de se pardonner) mutuellement. Il suffit de penser aux nombreuses étapes que les Israéliens et les Palestiniens devront encore franchir avant d'y parvenir. Et l'on sait pertinemment qu'en Afrique du Sud la réconciliation entre, d'un côté, les Afrikaaners et les Blancs et, de l'autre, les Noirs et les Métis n'est pas pour demain. On voit au Sri Lanka, au Liban ou en Irlande du Nord les effets meurtriers d'une haine viscérale et on est en droit de se demander s'il est possible de parler de réconciliation dans leurs cas.

Peut-être suis-je un incorrigible rêveur, comme Joseph dans l'Ancien Testament. Peut-être suis-je épris de théories utopiques. Pourtant, dans ma naïveté, je crois possible, voire nécessaire, de tendre une main amicale à son adversaire, de ne pas entretenir de griefs permanents, de se préparer à considérer le monde, ne serait-ce que partiellement, à travers les yeux de l'autre. L'ultime justification du nationalisme tient, j'en suis convaincu, au fait que l'on n'envisage pas seulement ses propres intérêts, ce qui les menace et ce qui les sert, mais également ceux de celui dont on partage l'existence. C'est justement parce que vous n'avez pas respecté ce principe qu'il m'est si difficile d'accepter votre réaction au jugement de la Cour suprême.

C'est ce même regret qui sous-tend ma réaction face à votre nationalisme de ces dernières années, à votre vote du 21 novembre. Vous êtes tout simplement devenus trop égoïstes, trop centrés sur *votre* destin, *vos* intérêts, suprêmement indifférents à l'endroit des membres de cette

41

autre collectivité linguistique et culturelle qui compose le Canada. Et d'après les normes du Siècle des lumières ou de la philosophie morale et politique du XIXe siècle, l'égoïsme, *cher ami* *, *ne peut* constituer les assises d'une bonne société.

Dieu sait qu'au Canada anglais nous sommes, nous aussi, capables d'égoïsme et d'indifférence. Je ne nous tiens pas pour des parangons de vertu. Néanmoins, depuis la Révolution tranquille, nous avons fait preuve à l'endroit du Québec et de ses revendications d'une souplesse croissante, d'une largeur d'esprit dont notre complaisance à accepter sans broncher les résultats du référendum de 1980 est un parfait exemple (peut-on imaginer l'Inde permettant la tenue d'un tel référendum au Pendjab, l'Iraq dans ses provinces kurdes, la Yougoslavie dans le Kosovo ?), d'une tolérance et d'un sens du fair-play qu'il ne faut pas sous-estimer. En dépit de tous nos défauts, nous ne vous avons pas méprisés, nous ne vous avons pas tourné le dos, nous n'avons pas refusé de voir en vous davantage qu'un adversaire occasionnel — les liens du sang. Et, stupidement peut-être, mais sûrement à juste titre, nous avons espéré une certaine réciprocité de votre part.

Voilà * — telles sont mes réactions face aux événements des derniers jours. Ne vous dérobez pas en ne voyant dans ces lettres que les lamentations d'un *étranger* * qui refuse de comprendre. Écoutez, pour une fois, les remarques d'un ami qui est prêt à écouter les vôtres et reconnaissez que, pas plus que lui, vous ne pouvez prétendre au monopole de la vertu et de la vérité. Et que même vos authentiques préoccupations linguistiques ne doivent pas devenir des absolus qui éclipseront les prétentions des « autres » à certains enjeux dans cette patrie que vous appelez le Québec et que nous persistons à nommer le Canada.

4

Le moment est venu d'examiner d'un peu plus près les racines de nos nationalismes jumeaux dans le contexte des dernières décennies. Nous vivons dans un monde qui s'oriente de plus en plus vers l'intégration, l'internationalisation, et qui est moins respectueux de la souveraineté dans sa forme traditionnelle du XIXᵉ siècle. De la culture des jeunes à celle des « yuppies », de la mode au cinéma, nous subissons bien davantage l'influence de courants qui imprègnent les pays capitalistes industrialisés plutôt que d'être portés par une évolution purement interne. À une certaine époque, tant au Canada qu'en Europe, il était de bon ton de qualifier d'américanisation ce mouvement ; nous sommes maintenant conscients que, tout comme dans le cas du capitalisme, ces forces technologiques et culturelles ont pris une dimension planétaire.

Simultanément, toutefois, et c'est là l'un des paradoxes propres à cette fin du XXᵉ siècle, les différences nationales se perpétuent et certaines formes de nationalisme ont même pris de l'ampleur. C'est particulièrement vrai des nationalismes reliés à la langue et à des groupes qui, au sein d'États-nations créés depuis longtemps, s'estiment dans une position d'infériorité politique, économique ou culturelle. Dans le cas des pays industrialisés, on pourrait citer les Basques et les Catalans, les Bretons et les Corses, les Écossais et les Gallois, les Wallons et les Flamands, de même que les Québécois. Le nationalisme linguistique et culturel redresse la tête lorsqu'un groupe juge que son évolution est entravée ou que son statut de l'heure ne correspond plus à l'idée qu'il se fait de sa véritable place dans le monde. Ce phénomène peut prendre forme au sein d'une catégorie sociale — entrepreneurs, professions libérales et petite bourgeoisie, monde ouvrier — ou en réunir plusieurs. Il peut être influencé par des événements à caractère mondial, comme l'accession à l'indépendance d'un grand nombre d'anciennes colonies européennes au cours des décennies qui ont suivi la Seconde Guerre mondiale. Il peut également être le fait de forces sociales ou idéologiques plus générales — la contestation radicale des pouvoirs en place pendant les années soixante, le virage vers des valeurs plus conservatrices ou dominées par les lois du marché depuis les années quatre-vingt.

Je soutiens, *cher ami* *, que l'on ne peut comprendre votre nationalisme si l'on ne tient pas compte de certaines de ces forces dont le champ est beaucoup plus vaste. Il n'est pas question pour autant de nier les problèmes spécifiques qui vous préoccupent ou de soustraire de notre analyse des facteurs aussi différents que la mort de Maurice Duplessis en septembre 1959 ou la visite de Charles de Gaulle en 1967, les personnalités de René Lévesque ou de Pierre Trudeau, les défis inhérents à la modernisation d'une société qui, à de nombreux égards, était bien en deçà des normes canadiennes et nord-américaines. Contrairement à la plupart de vos intellectuels qui, je le crains, se sont fourvoyés, il ne faut cependant pas tomber dans le piège de considérer le Québec comme une sorte de société fermée ayant ses propres règles en matière de développement. (Pour être juste, je dois également admettre qu'un certain nombre d'historiens, de spécialistes des sciences sociales et de critiques culturels canadiens-anglais ont commis exactement la même erreur à l'endroit du Canada anglais.) Lorsque je repense au Québec des années soixante et soixante-dix, certains faits ressortent clairement. Par exemple, cette conscience remarquable des possibilités nouvelles qui s'offraient à tous, ces nouvelles façons de penser et d'agir, qui auraient été impensables dans le Québec traditionnel dont Duplessis était devenu le symbole maléfique. La société québécoise était en train de se dégeler, tout comme l'Union soviétique après la mort de Staline ou depuis l'arrivée de Gorbatchev, alors qu'une génération entière de jeunes et de moins jeunes s'est libérée d'un seul coup des chaînes de l'orthodoxie en place. Au Québec, ce sont, bien sûr, l'autorité du clergé et la conception rétrograde du rôle de l'État qui ont été balayées dès les premières années de la Révolution tranquille. Des réformes se sont succédé — la mise en place d'une fonction publique fondée sur le mérite, d'un système d'éducation faisant une plus grande place aux laïcs, de politiques économiques interventionnistes, d'un système de relations industrielles accordant une légitimité accrue aux syndicats, d'un réseau élargi de services sociaux administrés par l'État, depuis les hôpitaux jusqu'aux régimes de retraite.

Ce qui était en train de se produire dans l'ensemble de la société était tout aussi important. Le discours des partisans de la décolonisation radicale — Memmi, Sartre ou Fanon — faisait école parmi la gent universitaire qui lisait aussi *Le Quartier latin* ou *Parti pris*. Les étudiants manifestaient contre les propos anti-Canadiens français du président du Canadien National, Donald Gordon, mais aussi en faveur de la lutte pour les droits civiques aux

États-Unis et contre la guerre du Viêt-nam. Les premières bombes du FLQ éclatèrent en 1963 et, pendant les sept années qui suivirent, les parallèles avec l'IRA ou l'ETA en Espagne semblèrent parfaitement fondés. Au même moment, le monde ouvrier, bandant ses muscles et puisant des renforts dans la syndicalisation du secteur public, se mesurait à la fois au capital privé et à l'État, dans une escalade de gestes contestataires qui atteignirent leur paroxysme avec la grève de *La Presse* en 1971 et celle du Front commun en 1972.

C'est devenu en quelque sorte un *cliché** que de ramener la Révolution tranquille à l'émergence d'une nouvelle classe moyenne. Et pourtant, comment passer sous silence l'arrivée massive de francophones, frais émoulus des universités, dans une fonction publique élargie, et leur accès à des postes de cadres moyens et supérieurs dans des sociétés d'État en plein essor comme Hydro-Québec ou dans les maisons d'enseignement ? Quand on pense à l'élite socio-politique traditionnelle — notaires et avocats, petits industriels de province, membres du clergé —, au faible taux de fréquentation scolaire comparativement à celui des Canadiens anglais ou à la sous-représentation flagrante des Canadiens français au niveau de ce qu'il est convenu d'appeler les commandes de l'économie, il apparaît alors incontestable que les changements amorcés en 1960 ont vraiment été spectaculaires.

À cette époque, la langue servait les intérêts de classe et réciproquement. Plus du tout encline à accepter la domination des anglophones sur les leviers économiques de la société, la nouvelle classe moyenne allait se servir de l'État comme d'un puissant instrument pour promouvoir la présence francophone. Les secteurs public et parapublic fournissaient des milliers d'emplois aux diplômés des universités et exerçaient des pressions sur le secteur privé pour qu'il engage davantage de francophones. Sensible à la montée d'un sentiment national au Québec, le gouvernement fédéral, dans sa hâte à implanter le bilinguisme au sein de la fonction publique fédérale, ne devait pas tarder par ailleurs à créer de nombreux postes. La nouvelle classe moyenne était au cœur même des batailles linguistiques de l'époque. Ses membres constituaient l'épine dorsale du Rassemblement pour l'indépendance nationale (RIN) et, un peu plus tard, du Parti québécois. Ils organisaient des manifestations pour un « McGill français » et pour réclamer des lois musclées qui feraient du français la langue officielle du Québec et dirigeraient les nouveaux immigrants vers les écoles francophones. Ils s'offusquaient du moindre changement constitutionnel (les propositions Fulton-Favreau de 1964, la formule de Victoria de 1971) qui ne reconnaissait pas un statut spécial au Québec et appuyaient fortement toute initiative visant à renforcer la position de leur province sur le plan international. Si, pour certains, la Révolution française a été celle de la bourgeoisie, et la Révolution soviétique celle du prolétariat, on peut considérer que la Révolution tranquille a été celle de la nouvelle classe moyenne.

L'ennui, avec cette forme d'analyse, c'est qu'elle accorde peu de poids au groupe qui s'est révélé le grand bénéficiaire de ce nouveau nationalisme — la bourgeoisie francophone ou la classe capitaliste. C'est bien beau d'insister sur la prééminence des artistes ou des intellectuels pendant ces années d'effervescence — cela flatte ceux qui, dans les milieux culturels ou universitaires, estimaient occuper le devant de la scène. Il est indéniable que, durant cette même période, le secteur étatique s'est développé de façon spectaculaire, tout comme dans les provinces anglophones, car les années soixante — qui ont présidé, avec l'assurance-santé, le régime de pensions du

Canada et la restructuration des programmes d'aide sociale à l'avènement au Canada de l'État-providence — ont également vu les dépenses de l'État augmenter substantiellement. Si l'on va au-delà des apparences, le développement du Québec reposait sur autre chose que Gilles Vigneault ou Pauline Julien, les maisons d'édition ou les revues *marxisantes* *. L'objectif à long terme des réalisations économiques de l'État, comme Hydro-Québec, la Société générale de financement ou la Caisse de dépôt et de placement, était l'implantation d'un capitalisme québécois où les entrepreneurs francophones pourraient enfin donner toute leur mesure. Si l'on étudie attentivement cette période et qu'on lit les déclarations de Jean Lesage, René Lévesque, Jacques Parizeau ou Robert Bourassa, on constate que toute l'opération avait pour but de lancer des entreprises québécoises capables de concurrencer leurs homologues anglophones.

L'ouverture des sociétés à une plus grande participation des francophones a constitué l'un des points marquants du nationalisme linguistique. L'accession de ces derniers aux postes de commande des institutions économiques du Québec était la conséquence directe de cette offensive contre les retranchements des Anglais ainsi que de l'exode massif de la grande et de la moyenne bourgeoisie anglophone, de la victoire électorale du PQ et de l'adoption de la loi 101. Dès les années quatre-vingt, Bombardier et Lavalin, Provigo et La Laurentienne étaient devenues les symboles d'un nouvel esprit d'entreprise, de l'adhésion de la société québécoise à la modernité capitaliste après cent cinquante ans d'un relatif retard industriel.

Il vaut la peine de relever le peu de cas que l'on faisait de ce génie capitaliste montant dans les écrits intellectuels des années soixante. Ceux-ci tendaient généralement vers une direction complètement différente, prônant le collectivisme ou le socialisme, ce qui, je dois l'admettre, m'avait fortement attiré, il y a vingt-cinq ans, vers le nationalisme québécois. Car c'est dans le Montréal du début des années soixante que j'ai fait mes classes politiques (à McGill, si j'ose le préciser), à une époque où les étudiants du monde entier commençaient à se situer à gauche, après la longue accalmie qu'avait connue l'Occident durant la période de l'après-guerre et dont l'anticommunisme avait été l'idéologie dominante. Chez les francophones du Québec, et ce, pour la première fois de votre histoire, les idées socialistes — fortement empreintes de nationalisme — ont eu droit de cité, alors que, jusque-là, elles avaient été impitoyablement condamnées par l'orthodoxie conservatrice et cléricale. Impérialisme, lutte des classes, bourgeoisie, mouvements populaires, classe ouvrière, voilà autant de termes qui sont apparus subitement dans le vocabulaire des jeunes. On établissait des parallèles avec les combats menés en Algérie ou en Amérique du Sud, dans le désir de fondre ensemble lutte des classes et libération nationale. Les « nègres blancs d'Amérique » du Québec semblaient constituer l'un des maillons les plus faibles de la grande chaîne impérialiste qu'on allait pouvoir enfin briser, maintenant que les forces populaires étaient mobilisées.

Quand je repense à ces années, je me rends compte à quel point votre gauche a été victime d'une illusion. Pourtant, en cette époque qui avait vu les occupations étudiantes de Berkeley ou de Columbia et les manifestations contre la guerre du Viêt-nam, la montée d'un mouvement étudiant radical chez les deux vaincus de la Seconde Guerre mondiale, le Japon et l'Allemagne de l'Ouest, le régime gaulliste ébranlé jusque dans ses fondations par la révolte étudiante de mai 68, tout semblait alors possible. Aussi, pourquoi *terre Québec* *, après cette longue nuit marquée par l'obscurantisme et la répression coloniale, n'aurait-elle pu abriter la libération socialiste ? Quelques-uns étaient prêts à constituer une avant-garde armée pour hâter le cours des événements. Tel fut le rôle du FLQ, convaincu que les bombes et les enlèvements — « la révolution du coup d'éclat » — dessilleraient les yeux des masses et déclencheraient leur révolte. D'autres se tournèrent vers les syndicats et leur inspirèrent un langage radical (qu'on se rappelle les manifestes syndicaux du début des années soixante-dix) sans le moindre équivalent au Canada anglais. D'autres encore organisèrent des mouvements en faveur des garderies, des droits des locataires, des immigrants, des femmes — qui, tous, traçaient la voie d'un Québec différent.

On a beau jeu, aujourd'hui, maintenant qu'on sait à quelle vitesse les grandes idées peuvent être reléguées aux oubliettes, de jeter sur cette époque un regard cynique. Quelques groupes (En lutte, la Ligue communiste) avaient adopté un discours marxiste-léniniste qui devait rester sans écho parmi les travailleurs, les assistés sociaux ou les immigrants, tandis que leur dogmatisme allait précipiter leur propre disparition. Malgré son radicalisme, le mouvement syndical n'avait nullement l'intention d'entraîner la société vers des changements révolutionnaires ou de renverser le capitalisme, comme on a pu le constater après la grève du Front commun en 1972. Et les activistes et intellectuels de gauche n'ont pas tardé à se tailler une place respectable dans la société — dans les universités, les médias, le PQ ou la fonction publique.

Tout comme en France où les rêves des *soixante-huitards* * ont fait place au réalisme modéré de Pompidou, Giscard et même Mitterand, ou aux États-Unis où le mouvement contre la guerre a engendré Richard Nixon et plus tard Ronald Reagan, au Québec même la gauche radicale n'a finalement tenu qu'un rôle marginal.

Pendant les neuf années où il a été au pouvoir, le PQ a promulgué, sous les pressions de la nouvelle classe moyenne, des lois linguistiques sévères. Dès sa première année, il a adopté un code du travail nettement progressiste qui, par exemple, a fait des tribunaux du Québec la seule juridiction en Amérique du Nord à interdire les briseurs de grève. Par suite du ralentissement économique du début des années quatre-vingt, cependant, le gouvernement péquiste est devenu aussi restrictif que ses homologues de droite, coupant dans les salaires des fonctionnaires en 1982-1983 et renonçant à tout projet de réforme sociale d'envergure. À partir du milieu des années quatre-vingt, les options politiques au Québec se réduisaient à deux partis pour qui la logique du marché et la percée des entrepreneurs francophones étaient les thèses dominantes.

Loin de moi, *cher ami* *, l'idée de vous fustiger, sous prétexte que votre gauche a lamentablement échoué ; celle du Canada anglais a elle aussi essuyé de sérieux revers au cours des années quatre-vingt. Je n'ai pas non plus l'intention de prendre à la légère les authentiques améliorations qui se sont succédé pendant vingt ans, à partir de 1960 — l'avènement d'un État-providence au Québec, un développement de type keynésien dans l'intérêt public, un rôle accru dévolu au secteur public, un climat plus favorable au monde du travail et aux institutions populaires. Ce sont là des réalisations d'importance qui, de pair avec un nouveau sens de la fierté nationale et avec l'affirmation culturelle et linguistique, sont devenues la marque même d'un Québec définitivement transformé. Je veux tout simplement vous rappeler que l'hypothèse selon laquelle le nationalisme servirait de prémisse à une certaine forme de socialisme est complètement erronée ; le discours nationaliste était, au contraire, davantage associé à l'émergence d'une classe capitaliste

51

québécoise, *les nouveaux guerriers* *, comme on les a parfois surnommés. Et aucune classe n'est plus hostile que celle-ci aux politiques de redistribution ou aux principes égalitaires.

J'entreprendrai, dans ma prochaine lettre, de démontrer que ceux d'entre nous qui, au Canada anglais, se qualifiaient eux-mêmes de socialistes au cours des années soixante et soixante-dix ont peut-être contribué à créer une classe capitaliste canadienne plus vigoureuse et fondamentalement hostile aux valeurs de la gauche. Peut-être avons-nous été vos *compagnons de route* *, en nous leurrant sur les possibilités et les limites véritables d'un changement social dans ce coin-ci de l'Amérique du Nord. Tout comme vous, nous avons participé à la création d'un nouveau nationalisme et nous en sommes restés marqués. Tout comme vous, nous sommes maintenant à la recherche de meilleures formules en cette période de néo-conservatisme.

Il est néanmoins possible que nos points de départ aient été différents, eu égard à nos loyautés et à notre sens de la collectivité. Et c'est justement cela qui, bien plus que la restructuration internationale du capital, fera obstacle à l'adoption de politiques plus progressistes dans le Canada de demain.

5

Il est temps, maintenant, de parler du Canada anglais et de l'évolution de son nationalisme depuis 1960. Je sais qu'il s'agit là pour vous d'une *terra incognita*, de l'invention de quelques intellectuels torontois jaloux de leurs *confrères* * québécois et qui s'efforcent de persuader une population majoritairement apathique que le Canada anglais connaît lui aussi une certaine effervescence et possède un sens de l'identité qui vaut bien celui du Québec. En bons cyniques que vous êtes, vous rejetez d'emblée ces « inventions », convaincus que, tout comme leurs ancêtres, les Canadiens anglais forment une nation de commerçants, uniquement préoccupés de leurs livres de comptes.

Mais même une nation de commerçants, comme l'ont montré la Grande-Bretagne et le Canada lors des deux conflits mondiaux, est prête à se sacrifier sans compter lorsque ses intérêts nationaux sont en jeu. (Vous vous rappellerez sûrement avec quelle amertume les Canadiens français ont repoussé le nationalisme probritannique des Canadiens anglais pendant ces deux conflits !) Ni l'Angleterre de Margaret Thatcher au moment de la crise des Malouines ni d'ailleurs les États-Unis de l'après-

53

guerre (une autre nation de commerçants ou, plus exactement, de multinationales) ne méprisaient le nationalisme. Il convient donc d'être un peu moins dédaigneux à l'endroit des Canadiens anglais qui sont eux aussi capables d'éprouver un fort sentiment national.

Il y a, je vous l'accorde, une grande différence entre votre nationalisme et le nôtre. Le nôtre n'a pas cette dimension linguistique qui sous-tend le vôtre et nous ne nous percevons pas de la même façon que vous comme une minorité dans ce pays (quel que puisse être notre complexe d'infériorité par rapport aux États-Unis). C'est là un fait qui, d'un point de vue psychologique, est lourd de signification et qui explique pourquoi les Canadiens anglais ont une attitude moins défensive à l'endroit de leur nationalisme et ne craignent pas autant de disparaître dans l'un des trous noirs de l'histoire. Tout bien considéré, cette différence est davantage une question de degré que d'espèce.

Ainsi que j'avais commencé à l'expliquer dans ma deuxième lettre, il y a toujours eu une relation d'amour et de haine entre le Canada anglais et les États-Unis. L'attraction culturelle était marquée, l'intégration économique prononcée et les populations, à cause de leur proximité géographique et de leur langue commune, largement entremêlées. Il nous était donc difficile de percevoir subitement les États-Unis comme un ennemi — l'*hostis* cher aux théoriciens des relations internationales. Malgré cela, notre « frontière non militarisée » a été à l'origine de menaces d'un autre ordre, et l'étendue des États-Unis à elle seule (en ce qui a trait à la population et à la richesse, les États-Unis sont dix foix plus importants que le Canada en entier, et douze fois plus que le Canada anglais) a suffi à donner à réfléchir à beaucoup d'entre nous.

Au cours des années soixante, plus particulièrement, le Canada anglais a dû repenser de fond en comble la nature de ses relations avec les États-Unis. Nous qui nous étions débarrassés depuis longtemps de notre tropisme britannique, nous commencions subitement à nous interroger sur le tropisme américain qui y avait succédé. Nous avions de bonnes raisons pour ce faire : la fin de non-recevoir opposée aux revendications pour les droits civiques dans le sud des États-Unis ; la constatation que les forces américaines déployées un peu partout dans le monde étaient au service non pas de la liberté, mais de régimes fantoches et des propres intérêts de cette grande puissance ; le fait que le coût de la mainmise américaine sur notre secteur manufacturier et celui des ressources naturelles excédait nettement les bénéfices. Un courant se dessinait en faveur d'un nationalisme canadien plus vigoureux, partiellement alimenté par certains événements comme le Centenaire du Canada, et par l'affaiblissement tangible de l'hégémonie américaine en place depuis l'après-guerre.

La question de la propriété étrangère était au centre de plusieurs rapports gouvernementaux (le rapport Watkins de 1968, le rapport Wahn de 1970, celui du groupe de travail dirigé par Herb Gray, en 1972) et préoccupait grandement tant le mouvement Waffle, une fraction du NPD, que le Comité pour un Canada indépendant. Ce dernier, qui se targuait de compter quelque 200 000 membres au moment de son apogée et d'avoir dans son comité d'organisation des personnalités aussi prestigieuses que Walter Gordon, réclamait la mise en œuvre de politiques gouvernementales qui aideraient le Canada à reprendre les commandes de l'économie — dans les secteurs public et privé — et réduiraient d'autant le poids des intérêts américains. C'était là la version canadienne-anglaise du *Maîtres chez nous* *, dont les principaux instruments allaient être la Corporation de développement du Canada (CDC) et l'Agence d'examen de l'investissement étranger (FIRA), créées au début des années soixante-dix.

Diverses instances réclamaient en corollaire l'adoption d'une politique étrangère qui aurait fait de nous autre chose qu'un simple satellite des États-Unis. En 1965, Lester Pearson avait annoncé ce virage lorsqu'au cours d'un discours à Philadelphie il avait réclamé l'arrêt des bombardements au Viêt-nam. La même année, pourtant, le rapport Merchant-Heeney, préparé par deux diplomates de haut rang, l'un canadien et l'autre américain, voyait dans la « diplomatie tranquille » la meilleure formule pour les relations canado-américaines. Parallèlement, les pressions en faveur du retrait du Canada de la sphère d'influence américaine se faisaient de plus en plus fortes : on réclamait le rappel des troupes canadiennes stationnées en Allemagne, la fin de notre participation au NORAD, la reconnaissance de la République populaire de Chine et une autonomie plus évidente du Canada sur le plan international. Certains de ces changements prirent corps sous le régime Trudeau avec, après 1971, l'entrée en scène d'une prétendue troisième option qui voyait dans l'établissement de liens avec l'Europe, le Japon et le tiers monde une façon de nous distancer quelque peu des États-Unis. Même s'il n'en est finalement pas résulté grand-chose, cette option contrastait grandement avec l'attitude servilement proaméricaine qu'adopte maintenant le gouvernement Mulroney.

Dans le domaine culturel, les années soixante-dix marquèrent la fin des exemptions fiscales dont bénéficiaient pour leur publicité les éditions canadiennes de magazines comme *Time* et le *Reader's Digest*, de même que l'adoption d'un ensemble de mesures visant à soutenir les cinéastes, les maisons d'édition et les groupes artistiques de toute nature. Phénomène plus important encore, selon moi, la littérature, le théâtre, la danse et la musique parvenaient à une certaine plénitude, à l'instar de ce qui s'était passé au Québec pendant les années soixante. Toutes ces formes d'expression culturelle rejoignaient de nouveaux publics, tandis que, dans nos universités, on commençait à exiger un plus grand contenu canadien en sciences humaines et sociales.

Le plus ironique dans tout cela, à vos yeux, c'est qu'on a fini par associer cette montée du nationalisme canadien avec un gouvernement dirigé par un homme qui, pour beaucoup d'entre vous, était *le* principal ennemi du nationalisme québécois, Pierre Trudeau. Certains auront pu voir dans ce renforcement du nationalisme canadien un effort délibéré de sa part pour bâtir un État canadien susceptible de faire contrepoids à celui du Québec, pour promouvoir des symboles fédéraux pancanadiens bien accueillis des nationalistes canadiens-anglais, mais non des Canadiens français. Qui plus est, ce partisan de la troisième option en politique extérieure ou de la Loi sur l'examen de l'investissement étranger était justement l'homme qui, en octobre 1970, avait invoqué la Loi sur les mesures de guerre, un geste qui, aux yeux des nationalistes inconditionnels, visait directement le Québec.

Maintenant que j'y pense avec un certain recul, les choses ne m'apparaissent plus aussi simples. Je poursuivais des études supérieures à Toronto au moment de la Crise d'octobre et je me souviens des vaines tentatives de petits groupes de gauche pour dénoncer la Loi des mesures de guerre et ce que nous considérions comme « l'occupation du Québec ». Nous réagissions vivement à l'arrestation injustifiée de 450 personnes au Québec, à la suspension des libertés civiles et à l'escalade de la crise provoquée par le recours délibéré du gouvernement fédéral à des pouvoirs extrêmes. Pourtant, je me rappelle que près de 90 pour 100 des Canadiens — tant anglophones que francophones, si l'on en croit les sondages de l'époque — appuyaient Ottawa et que la légitimité demeurait massivement du côté des autorités constituées et non du FLQ. Finalement, contrairement aux appréhensions de certains, octobre 1970 n'a pas porté un coup mortel au nationalisme québécois. Il est vrai qu'ensuite la route a semblé définitivement barrée à l'insurrection armée et à la guérilla urbaine. Mais, fort d'un appui croissant au cours des années suivantes, le PQ a accédé au pouvoir en novembre 1976 et, malgré la défaite référendaire, l'a conservé jusqu'en décembre 1985.

En outre, il serait faux de croire que Pierre Trudeau était l'incarnation même du nouveau nationalisme canadien-anglais. Bon nombre des mesures adoptées sous son régime — la CDC ou la FIRA — l'ont été sous la pression de l'aile nationaliste de son propre parti ou du NPD qui, entre 1972 et 1974, arbitrait la balance politique. En paroles sinon en actes, Trudeau n'éprouvait pas plus de sympathie pour le nationalisme du Canada anglais que pour celui du Québec. Les forces sociales qui insistaient pour que le Canada se démarque davantage des États-Unis et que le gouvernement fédéral agisse en ce sens n'étaient pas différentes de celles qui avaient joué un rôle si important pendant votre Révolution tranquille.

Chez nous également, une nouvelle classe moyenne était en train de percer — universitaires, enseignants, scientifiques, membres des professions libérales, étudiants, fonctionnaires —, dont le nationalisme et l'activisme politique grandissants coïncidaient avec un rôle accru de l'État en général. Quelques-uns, comme le mouvement étudiant ou le Waffle, penchaient carrément à gauche ; d'autres s'intégraient à un courant plus dominant, quoique interventionniste. Tous voyaient dans le nationalisme canadien une cause commune. Pour certains, cela consistait à rendre les universités canadiennes moins inféodées aux méthodes d'enseignement et au corps professoral américains ; pour d'autres, il s'agissait de consacrer davantage de fonds à la recherche et à la mise au point ; d'autres encore favorisaient une indépendance accrue du Canada dans les domaines de l'énergie ou des ressources naturelles, dont Pétro-Canada ou des sociétés d'État provinciales comme la Potash Corporation de la Saskatchewan étaient devenues les symboles. Le mouvement syndical devait prendre progressivement, lui aussi, une coloration plus canadienne. Au début des années soixante, le Congrès du travail du Canada (CTC) se composait essentiellement de syndicats affiliés aux fédérations américaines et ne jouissant, pour la plupart, que d'une autonomie marginale dans la gestion de leurs propres affaires. Nous n'avions pas de Confédération des syndicats nationaux (CSN), concentrée exclusivement au Québec, où elle constituait l'épine dorsale d'un syndicalisme gauchisant. En revanche, tout comme vous nous assistions au cours des années soixante à une percée significative du syndicalisme au sein de la fonction publique, qui allait donner naissance à de puissantes versions canadiennes des fédérations internationales, comme le Syndicat canadien de la fonction publique ou l'Alliance de la fonction publique. Certaines fédérations, tels les Métallurgistes unis d'Amérique ou les Travailleurs unis de l'automobile, réclamaient pour leurs syndicats canadiens affiliés une plus grande autonomie. Finalement, plusieurs parmi ces derniers rompirent leurs liens avec les fédérations américaines et, à l'instar du Syndicat canadien des travailleurs du papier ou du Syndicat national des travailleurs et travailleuses de l'automobile, formèrent des entités distinctes. Aujourd'hui, moins de 40 pour 100 des membres du CTC sont affiliés aux unions dites internationales, comparativement à plus de 70 pour 100 au début des années soixante.

Ce que nos nationalistes, et plus particulièrement ceux de la gauche, n'ont pas su comprendre, c'est la nature des intérêts on ne peut plus réels qui continueraient de lier le capital canadien à son pendant américain, quoique sous une forme nouvelle. Qui plus est, à la fin des années soixante et pendant les années soixantedix, les grandes entreprises, comme les banques, les industries et les sociétés exploitant les ressources naturelles, étaient loin de soutenir ce nouveau nationalisme. Quelques-unes s'étaient déjà haussées au rang de multinationales et d'autres espéraient leur emboîter le pas, tandis que la majorité était depuis longtemps habituée à entretenir des liens étroits avec les filiales de sociétés américaines établies ici.

On notait également dans leur attitude une certaine sensibilité aux intérêts régionaux ; le capital contrôlant le secteur des ressources, en particulier hors des provinces du Centre, était généralement hostile aux initiatives nationalistes du gouvernement fédéral. Le Québec n'avait pas le monopole des loyautés régionales et de l'édification d'une province. L'Alberta pouvait jouer le même jeu et, avec le temps, son gouvernement allait s'opposer à Ottawa avec une égale fermeté. Le conflit éclata en 1980-1981, avec le Programme national de l'énergie en fond de scène, lorsque le gouvernement fédéral décida de toucher davantage de redevances des producteurs pétroliers et gaziers de l'Ouest afin de financer ses politiques de canadianisation. Aussitôt, l'Alberta menaça, en guise de représailles, de fermer le robinet. Simultanément, le séparatisme commença à gagner de plus en plus d'adeptes dans l'Ouest.

Cet incident, soit dit en passant, fait ressortir une nouvelle dissemblance entre le nationalisme canadien-anglais et le vôtre. Le nôtre doit tenir compte de la complexité des éléments régionaux, qui découle d'authentiques différences en matière d'économie politique pour les diverses régions. Il n'y a pas que le Québec qui ait à subir les contrecoups de la division fédérale-provinciale du travail au Canada. Les autres provinces défendent elles aussi des intérêts qui entrent parfois en conflit avec ceux d'Ottawa, ce qui, dans le cas des Prairies, a souvent donné lieu à des affrontements. (Aberhardt et le Crédit social en Alberta, W.A.C. Bennett et le Traité du fleuve Columbia, le NPD et la nationalisation de la potasse en Saskatchewan, Peter Lougheed et le Programme national de l'énergie). Le retrait du Québec de la Confédération ne se traduirait pas, pour nous, par un État plus unitaire. Simplement, les différences entre nos régions seraient, au mieux, moins marquées par les facteurs culturels et linguistiques.

Je voudrais maintenant reprendre ma réflexion sur l'attitude de la grande entreprise face au nationalisme canadien. Je résumerai la situation en soulignant que ses membres en ont été à la fois les principaux détracteurs et les grands bénéficiaires. Malgré le peu de cas qu'elle faisait de la CDC ou de la FIRA, la grande entreprise était consciente de la force relative que lui assurait l'économie canadienne et qu'elle mesurait à l'augmentation simultanée de son actif, de ses bénéfices ou de son chiffre d'affaires. L'époque assistait à l'épanouissement du capitalisme canadien, alors que la domination américaine sur le secteur manufacturier et celui des ressources chutait bien en deçà de 50 pour 100 du total et que les investissements canadiens aux États-Unis augmentaient beaucoup plus rapidement que les placements américains au Canada. (Si, au début des années soixante, les investissements canadiens aux États-Unis correspondaient à quelque 15 pour 100 du capital américain placé au Canada, vingt ans plus tard cette proportion est passée à près de 50 pour 100.) À l'instar de vos nouveaux capitalistes, nos Noranda, Olympia, York et Northern Telecom, de même que les grandes banques, connaissaient une croissance exponentielle, tandis que le nationalisme canadien conservait toute son influence. Les mêmes intérêts allaient soutenir de tout leur poids l'accord de libre-échange avec les États-Unis au milieu des années quatre-vingt, et le défendra contre vents et marées lors de l'élection de 1988.

Nous reviendrons sur cette question du libre-échange dans une prochaine lettre. En attendant, j'aimerais conclure celle-ci par ces quelques remarques. Tout d'abord, pendant les années soixante et soixante-dix, le nationalisme canadien était un phénomène nouveau parce qu'il n'était ni probritannique ni proaméricain, mais exclusivement et intrinsèquement canadien. Deuxièmement, il comptait sur une intervention énergique du gouvernement fédéral (et des gouvernements provinciaux) pour développer la propriété canadienne et sa domination sur l'économie ; il comptait en outre sur des politiques culturelles et extérieures qui leur feraient pendant. Troisièmement, semblable en cela au nationalisme québécois de la même époque, il était solidement enraciné dans la nouvelle classe moyenne, bien qu'il se soit également acquis l'appui du monde du travail et ait bénéficié, à l'occasion, de celui du monde des affaires. Dans l'ensemble, cependant, la grande entreprise était hostile au nationalisme économique et continue de l'être encore aujourd'hui. Quatrièmement, le Canada anglais et son économie politique devaient composer avec des éléments régionaux qui, à des degrés divers, l'emportaient sur l'attrait du nationalisme. Cinquièmement, le nouveau nationalisme canadien n'était nullement opposé à l'auto-affirmation du Québec, symbolisée par la Révolution tranquille, ni à l'adoption de mesures propres à promouvoir sa spécificité linguistique et culturelle. Bon nombre de Canadiens anglais étaient prêts à accepter le bilinguisme et le biculturalisme dans le cadre d'un ensemble de politiques appliquées au Canada tout entier, ce que le nationalisme canadien de la première heure n'aurait pas toléré. Quelques-uns, comme les membres du Waffle, reconnaissaient le droit du Québec à l'autodétermination, allant même jusqu'à accepter l'indépendance. En échange, cependant, les nationalistes canadiens-anglais espéraient que les nationalistes québécois partageraient leurs propres inquiétudes devant l'intégration excessive du Canada (et du Québec) aux États-Unis. Sur ce dernier point, le 21 novembre 1988 a montré à quel point ils se sont trompés.

6

Il m'est difficile, *cher ami* *, de poursuivre cette correspondance. Je voudrais me lever, bouger, voir vos
réactions, comme si nous étions assis dans un café de
l'avenue Laurier ou de la rue Saint-Laurent, et que nous
avions toute la soirée devant nous. Je voudrais entendre
vos commentaires au lieu de me contenter des réponses
prévisibles et des ripostes dédaigneuses que je me vois
forcé d'inventer. Je suis conscient de la tyrannie de cette
distance qui nous sépare, chacun de nous vivant à l'une
des extrémités du pays. Les espaces géographiques sont
vastes, trop vastes pour qu'on puisse surmonter sans en-
combre l'éloignement supplémentaire imposé par la langue et les sentiments collectifs. Malgré le train, l'avion et
les réseaux de télécommunications, peut-être était-ce
pure illusion que de tenter de soustraire un pays à des
éléments aussi disparates.

C'est uniquement lorsque nous voyageons à l'étranger que certaines de ces différences commencent à
s'estomper. Je me souviens de mes réactions à la Maison
du Canada à Paris, à la fin des années soixante, lorsque,
plongés dans ce maelström fascinant mais inconnu qu'on
appelle la France, Canadiens anglais et Québécois

découvraient subitement, et ensemble, que, face aux Français, ils étaient tous des Nord-Américains. Non pas que nous eussions oublié nos différences ; c'est justement pendant cette décennie que la ferveur nationaliste atteignait son apogée au Québec et qu'elle commençait à se faire jour au Canada anglais. Mais il était parfaitement évident pour vous que vous n'étiez pas Français et que vous ne le seriez jamais, en dépit des liens manifestes de la langue et de l'origine ethnique. On pouvait céder à la fascination des discours philosophique et sociologique, du théâtre et des films, des restaurants et des cafés, lire *Le Monde* et assister pour son propre plaisir à des séminaires à l'École pratique des hautes études, sans jamais franchir pour autant cette ligne invisible. Des anglophones, comme moi, pouvaient vous rencontrer et discuter quotidiennement avec vous, conscients du fait que Paris représentait un territoire neutre propice au dialogue des deux solitudes.

Des amitiés se sont nouées, qui ont duré jusqu'à aujourd'hui ; le côté cosmopolite de Paris et son extraordinaire milieu universitaire rendant insignifiantes, par comparaison, nos petites différences nationales, nous y surmontions des inhibitions comme nous n'aurions pu le faire à Montréal. Ceux qui étaient de gauche restaient de gauche, qu'ils fussent anglophones ou francophones, Grecs ou Turcs, Brésiliens ou Argentins. Ceux qui voulaient élucider les arcanes du structuralisme ou de la théorie critique, de la sémiotique ou du théâtre de l'absurde, se confondaient, pêle-mêle, dans leurs préoccupations communes. Nous étions les citoyens de quelque chose de plus vaste que le Canada ou le Québec, même si nous n'avions pas rompu nos attaches avec nos sociétés respectives.

Si j'évoque cette époque avec une certaine nostalgie, ce n'est pas parce qu'il semble beaucoup plus difficile de revivre ces impressions sur les rives du Saint-Laurent, du lac Ontario ou de la baie des Anglais. Non, ce qui me rend nostalgique, c'est le souvenir de ces années où nous avions vingt ou vingt-cinq ans et où, pendant un bref moment, tout avait paru possible. C'est le souvenir de ces promenades au parc Montsouris ou dans le jardin du Luxembourg, de ces nuits blanches passées en compagnie des muses de la poésie, de la révolution, ou d'Éros, de ces amphithéâtres où à tout moment pouvait poindre le vieil esprit de la révolution. C'étaient les années soixante, où être jeune consistait à rejeter l'autorité, la raison conventionnelle et les mornes routines que le capitalisme organisé (et le socialisme étatique) distillait par tous ses pores.

Je sais qu'il n'y a rien à gagner à parer de vertus romantiques ce passé révolu. La gauche étudiante se nourrissait de ses propres illusions, aux antipodes des préoccupations quotidiennes des citoyens ordinaires. La longue prospérité de l'après-guerre tirait à sa fin et le monde occidental allait connaître des temps difficiles, traverser une période pénible. La démocratie participative (*Élections = trahison* *), l'imagination au pouvoir, la cogestion ouvrière se révélaient autant d'idéaux inaccessibles, une fois passé l'instant magique des barricades du Quartier latin ou des discussions enflammées dans les universités en état de siège. Il ne nous resterait plus qu'à vivre nos vies du mieux que nous le pourrions, à l'intérieur de la cage de fer de Max Weber (« Avec la montée de la bureaucratie, la magie a disparu de ce monde »).

Qu'est-ce que tout cela a à voir, me demanderez-vous, avec la situation pénible que nous vivons ici, en ce moment, au Québec et au Canada, au terme des années quatre-vingt ? Rien — et beaucoup. Car je vous écris à la fin d'une décennie où le monde occidental est gagné par les idéaux néo-conservateurs, où le succès individuel, l'ambition, le conformisme, les réalisations sont les dieux de l'heure et où les principes du marché sont les totems sacrés des économistes, philosophes et politiciens. Alors qu'autrefois nos maîtres à penser s'appelaient Herbert Marcuse, Jean-Paul Sartre ou John Kenneth Galbraith, nous nous inclinons maintenant devant F.A. Hayek, Milton Friedman, Mancur Olsen ou Robert Nozick qui prônent tous des objectifs non pas sociaux, mais individuels. Alors qu'il y a dix ans les Canadiens s'inquiétaient encore des concentrations d'entreprises excessives, comme la prise de contrôle de la société Argus par Power, tout le monde répète aujourd'hui que les compagnies canadiennes doivent prendre de l'expansion pour devenir concurrentielles sur le marché international. Alors qu'il y a dix ans les politiciens se flattaient d'être des « socio-démocrates », il n'en reste plus un seul, ni au fédéral ni au provincial, qui se classe sous cette étiquette. Nous avons, en tant que société, effectué un virage à droite ; nous sommes, dans l'ensemble, devenus plus égoïstes, moins enclins à faire passer les intérêts de la collectivité avant ceux des individus.

Ici, en Colombie-Britannique, nous en avons fait l'amère expérience avec les gouvernements créditistes qui se sont succédé depuis 1982, lesquels, face à un ralentissement dans le secteur des ressources naturelles, ont décidé de mener une offensive d'envergure contre les programmes sociaux et la main-d'œuvre syndiquée. Les allocations d'aide sociale ont diminué radicalement, les droits des locataires ont été abolis, la Commission des droits de la personne supprimée, le secteur public réduit à la portion congrue, les dépenses en éducation bloquées et le code du travail récrit pour permettre aux employeurs dont le personnel était non syndiqué de restreindre le droit de grève. Les services publics, depuis l'entretien des routes jusqu'à l'aménagement des parcs provinciaux en passant par la distribution de gaz, ont été privatisés au nom d'une droite « panacéenne » qui, comme dans le cas de l'institut Fraser, cherchait à « nous libérer de l'emprise de l'État ». Fatalement, il en est résulté une société polarisée où il s'agit, pour gagner, d'être le plus rapide (ou devrait-on dire le plus impitoyable ?) et où le concept de collectivité régresse rapidement. D'autres provinces ont suivi le mouvement, dont l'Alberta, la Saskatchewan et Terre-Neuve. Et vous-même, au Québec, depuis le retour au pouvoir de Robert Bourassa, perçu comme le maître d'œuvre d'un nouveau miracle économique — l'épanouissement d'une classe d'entrepreneurs québécois —, avez pu observer des symptômes du même ordre. Dans son rapport de 1986, la Commission sur la privatisation conseillait de céder toutes les sociétés d'État à des intérêts privés. Les allocations d'aide sociale ont été réduites, surtout pour les personnes seules de moins de 30 ans, les prêts-bourses étudiants ont été gelés et, en règle générale, l'apologie de la richesse prime de plus en plus le principe d'une redistribution plus équitable des richesses. Néanmoins, contrairement à la province d'où je vous écris, il subsiste encore dans le Québec de la fin des années quatre-vingt un peu de cet esprit de l'État-providence des décennies soixante et soixante-dix.

Au niveau fédéral également, les concepts de droite gagnent de plus en plus de terrain. Cela est apparu clairement dans le discours du budget de Michael Wilson en 1984, le premier que les conservateurs aient déposé après leur accession au pouvoir. Toutefois, les clameurs qui ont dénoncé le projet de réduction des pensions de vieillesse ont freiné l'instauration d'un néo-conservatisme vigoureux, du moins dans le secteur des services sociaux. Il en est allé tout autrement pour le reste des politiques gouvernementales où l'accent a été mis sur la réduction du déficit et de l'embauche dans la fonction publique, sur la privatisation de sociétés de la Couronne comme Air Canada et, éventuellement, Pétro-Canada, ainsi que sur une réforme fiscale qui profitera surtout à la frange des 10 à 20 pour 100 de contribuables les plus nantis et aux grandes sociétés.

Compte tenu du fait que leur philosophie sociale est maintenant davantage soumise aux lois du marché qu'il y a une ou deux décennies, le Canada et le Québec sont devenus des sociétés moins généreuses. Les forces de gauche ou celles de la gauche libérale, qu'il s'agisse des syndicats, des mouvements féministes, des groupes pacifistes ou des organismes parrainés par l'Église, sont de plus en plus sur la défensive. Il n'est plus aussi bien vu de contester les valeurs consuméristes du capitalisme — j'écris ces lignes au moment où la frénésie de Noël bat son plein — ou la recherche du profit qui le sous-tend, maintenant que des régimes socialistes étatiques, de la Chine à la Hongrie et à l'Union soviétique sont en train de découvrir les vertus de ce même système. Contrairement à la formule de Mao, c'est désormais un vent d'ouest qui souffle sur l'Orient.

Ne nous leurrons pas. Les véritables héros de notre temps, ceux qui font la couverture de magazines hautement cotés, comme le *Report on Business Magazine* du *Globe and Mail* ou *L'Actualité*, sont des multimillionnaires et des milliardaires, ceux-là même qui accumulent les prises de contrôle et orientent notre expansion. Nos politiciens quêtent leurs faveurs, les administrateurs de nos universités sont à genoux devant eux. Les émissions de télévision comme *Dallas* ou *Venture* exaltent leurs hauts faits. À l'approche de la cinquantaine, la génération de 1968, canadienne ou québécoise, en est réduite aux simagrées et au refus de la réalité dépeints par Denys Arcand, dans son film *Le Déclin de l'empire américain.* L'action se déroule ailleurs. Pourquoi devrais-je m'en soucier, me demanderez-vous en dégustant un vieil armagnac ? Parce que — oh ! c'est trois fois rien — je suis resté fidèle aux idéaux d'il y a vingt ans, à un égalitarisme qui remonte le temps, de la social-démocratie du XXe siècle au marxisme du XIXe, de John Stuart Mill, ce critique incisif du droit de succession, à Jean-Jacques Rousseau et à son brillant exposé sur l'origine de l'inégalité. Il ne s'agit pas de dénoncer intégralement la propriété privée, dans une version fin de XXe de la formule lapidaire de Pierre-Joseph Proudhon, proclamant que la propriété, c'est le vol. Il s'agit plutôt de ne pas oublier les perdants du casino capitaliste, victimes à la fois dans nos propres sociétés et à l'échelle de la planète. Il s'agit de promouvoir la vision d'un monde où les privilégiés de notre société, notre élite économique dirigeante, ne détiendraient plus les mêmes pouvoirs qu'aujourd'hui sur la politique, l'économie ou l'information. Rousseau était dans le vrai lorsqu'il opposait le patriotisme de l'artisan ou du paysan aux valeurs du nanti. « Ce dernier [appartient] au royaume des riches » — un royaume où la collectivité, la culture et la langue ne sont rien en regard des bénéfices économiques individuels.

C'est justement à cause de la prédominance de cette dernière réalité dans le Québec d'après la Révolution tranquille, et dans un Canada anglais que le libre-échange rapprochera encore plus du modèle américain de la « libre entreprise », que j'écris ces lettres. Il nous faut nous rappeler que nous ne vivons pas seulement de pain, pas seulement non plus pour l'accroissement du produit national brut. Il y a des valeurs collectives — épanouissement national, justice sociale, protection de l'environnement et libertés publiques — qui comptent tout autant.

Vous venez tout juste d'éprouver certaines de ces préoccupations collectivistes relativement à la question linguistique. Nous avons vécu un moment de prise de conscience collective en rapport avec le libre-échange. Néanmoins, beaucoup au Canada anglais, dont moi-même, ont été profondément blessés par votre détachement au moment où ce que nous considérions comme notre avenir en tant que nation était en jeu. Et, ainsi que je l'ai déjà mentionné, vous avez fait preuve d'une suprême indifférence à l'égard des droits linguistiques de la minorité ou de la liberté d'expression, tant vous êtes habités par cette obsession d'imposer l'hégémonie de la langue et de la culture française à tout le Québec. C'est ce qui explique que nos deux sociétés se trouvent maintenant dans une impasse en matière de concessions constitutionnelles. Je traiterai donc consécutivement, dans mes deux prochaines lettres, du libre-échange et du Lac Meech.

7

Vous vous demandez peut-être à quoi rime toute cette agitation. Le Marché commun a récemment célébré ses trente ans d'existence et 1992 marquera la suppression des derniers obstacles à la libre circulation des personnes et des capitaux au sein de la Communauté économique européenne. L'Australie et la Nouvelle-Zélande semblent avoir assez bien survécu à leur accord de libre-échange. Et, un peu partout dans le monde, l'Accord général sur les tarifs douaniers et le commerce (GATT — [General Agreement on Tariffs and Trade]) a, durant toute la période de l'après-guerre, contribué à une diminution générale des tarifs et à la libéralisation du climat commercial.

Pourquoi, alors, le libre-échange — ou plus précisément l'Accord de libre-échange entre le Canada et les États-Unis d'Amérique — a-t-il provoqué un tel débordement d'émotions pendant la dernière campagne électorale ? Pourquoi les adversaires de l'entente et les deux partis d'opposition l'ont-ils dénoncée en des termes aussi apocalyptiques comme si la survie du Canada en dépendait, comme s'il menaçait chacun de nos programmes sociaux, comme si nos ressources risquaient d'être hypothéquées encore davantage que par le passé ? Luttions-nous, au Canada anglais, uniquement pour des symboles politiques ou ces craintes généralisées reposaient-elles sur des motifs plus profonds ? Rassurez-vous. Je ne vais pas revenir sur la campagne électorale en vous citant des extraits pertinents de l'entente et en les étayant de mes propres arguments pour mieux vous convaincre de ses iniquités latentes. Je vous propose autre chose — une discussion au sujet des politiques qui sous-tendent l'entente sur le libre-échange et des forces sociales qui, de part et d'autre, sont à pied d'œuvre. Je veux également m'attarder brièvement sur la portée des réactions du Québec et de la majeure partie du Canada anglais, de même que sur le clivage qui en est résulté et que le récent rejet du jugement de la Cour suprême par le gouvernement du Québec a encore accentué.

Avant d'entrer dans le vif du sujet, quelques mots sur le symbolisme du libre-échange seraient peut-être de mise. Nul n'ignore que le Canada a toujours été divisé sur la question du libre-échange, mais jamais autant qu'en 1911. Historiquement, le Parti libéral s'en est fait l'ardent défenseur, tandis qu'à partir de 1878-1879 les conservateurs ont commencé à s'y opposer. L'Ouest le soutenait lui aussi pour la bonne raison qu'il exportait des produits de base vers des marchés internationaux non protégés, mais devait en revanche acheter à prix fort des produits finis à ses homologues de l'Est dont le marché, lui, était protégé. Les provinces du centre du Canada, et plus particulièrement l'Ontario, étaient contre le libre-échange.

En 1947-1948, au moment où le continentalisme d'après-guerre était en plein essor, on avait secrètement amorcé des négociations sur le libre-échange, mais, craignant les réactions nationalistes, le premier ministre Mackenzie King y avait rapidement mis le holà. Dix ans plus tard, aux premiers jours de sa funeste administration, John Diefenbaker avait voulu réorienter vers la Grande-Bretagne certains des échanges commerciaux établis avec les États-Unis, mais cela avait été peine perdue. Et sa défaite de 1963, à laquelle le rôle joué en coulisse par les États-Unis n'était pas étranger, devait être interprétée par le philosophe tory George Grant comme la fin du Canada, le triomphe du libéralisme technocratique et celui du rêve américain.

En réalité, Grant s'était lamenté un peu trop vite, tout comme il s'était trompé dans ses prévisions sur l'identité du principal agent de notre américanisation, à la fin du XXᵉ siècle. C'est son bien-aimé Parti conservateur, de moins en moins tory et de plus en plus libéral et gagné à l'esprit des affaires, qui, se faisant l'instrument de Dieu (si l'on peut dire), allait supprimer les derniers obstacles à notre intégration économique. Brian Mulroney, l'ancien président de la multinationale Iron Ore of Canada, se chargerait d'accomplir ce que Diefenbaker, pas plus d'ailleurs que Robert Stanfield, n'avait jamais osé faire.

En revanche, Grant s'était montré plus perspicace en montrant du doigt les milieux d'affaires de Toronto et de Montréal, qu'il accusait d'un manque total de loyauté envers ce pays. Il est incontestable que ce sont justement ces deux centres qui, plus que tout autre, ont poussé à la roue pour accélérer l'intégration économique. Néanmoins, forcés de composer avec un nationalisme canadien renforcé, ce dont j'ai déjà parlé, ils n'ont connu qu'une victoire mitigée.

Rien ne pouvait être davantage aux antipodes du libre-échange que l'esprit du nationalisme économique qui a commencé à poindre à la fin des années soixante. Politiquement, il était incarné par le NPD et par l'aile progressiste du Parti libéral ; sur le plan social, la nouvelle classe moyenne (des secteurs public et parapublic) de même que certaines sections du mouvement syndical constituaient le fer de lance de l'opposition au « continentalisme », ainsi qu'on appelait alors la filière américaine. Le nouveau nationalisme devait rester sur la brèche durant presque toute cette période, comme en témoignent les politiques adoptées par le gouvernement dans le secteur énergétique, dans le domaine culturel et même en matière de politique extérieure.

À l'échelle du pays, toutefois, l'adhésion au nationalisme variait considérablement d'une région à l'autre. L'Alberta qui, sous l'égide des conservateurs, connaissait depuis la fin des années soixante-dix et le début des années quatre-vingt une prospérité sans précédent, ne voulait entendre parler d'aucune mesure qui aurait donné plus de poids au gouvernement fédéral en matière d'énergie ou empiété sur le terrain des principaux intervenants du secteur pétrolier (multinationales ou sociétés canadiennes de moindre envergure). Déjà, quand le gouvernement Trudeau avait institué le Programme national de l'énergie à la fin des années quatre-vingt, Peter Lougheed avait très mal pris la chose ; et, quelques années plus tard, en incitant ses homologues des autres provinces de l'Ouest à réclamer un accord de libre-échange avec les États-Unis, il avait carrément obligé le gouvernement conservateur fédéral à mettre la question à l'ordre du jour. Après son retrait de la politique albertaine, il allait devenir l'un des principaux porte-parole du groupe de pression soutenu par les grandes sociétés, qui usait de toute son influence pour faire passer le libre-échange. Aussi, les élections venues, l'Alberta a-t-elle été la seule province du Canada anglais à accorder aux conservateurs une majorité absolue et la quasi-totalité des sièges (25 sur 26), preuve manifeste de son appui à l'entente. (J'ajouterai que le Parti réformiste, qui a remporté

15 pour 100 des suffrages dans cette province, était lui aussi fortement en faveur du libre-échange.)

L'autre grand foyer de résistance au nouveau nationalisme canadien était justement votre province, le Québec. Cela apparaît d'ailleurs comme un phénomène assez paradoxal quand on considère que c'est grâce aux imposantes majorités que vous leur avez accordées que les libéraux de Trudeau ont pu se maintenir au pouvoir pendant quinze ans. Et que c'est précisément le gouvernement Trudeau qui a adopté, dans nombre de domaines, des politiques à forte teneur nationaliste.

Mais cette tendance était loin de rallier l'adhésion du principal opposant au niveau provincial, le Parti québécois. Pourtant, au début des années soixante-dix, Jacques Parizeau, qui était alors le conseiller économique du Parti, avait rédigé la préface de *Capitulation tranquille*, version française de *Silent Surrender* de Kari Levitt, qui y dénonçait la domination américaine sur l'économie canadienne. Et, pendant un bref moment, les nationalistes québécois et canadiens-anglais avaient semblé faire cause commune, face au danger que représentait l'omniprésence des États-Unis.

Cela ne devait être toutefois qu'un feu de paille, car Parizeau, Rodrigue Tremblay et Bernard Landry, également économistes, n'allaient pas tarder à préconiser un rapprochement plus marqué avec les États-Unis. Et le fait que cela permettait du même coup de river son clou au Canada anglais rendait cette option encore plus séduisante. Étant donné que l'objectif visé était la souveraineté du Québec et que l'ennemi était le Canada anglais, il était donc logique, n'est-ce pas, de considérer l'ennemi de son ennemi comme son ami. Le cardinal Richelieu n'avait pas agi autrement pendant la guerre de Trente Ans, quand il s'était allié aux Suédois luthériens contre les Habsbourg catholiques. Le PQ allait adopter une stratégie similaire, préférant les États-Unis — puissance anglophone par excellence — aux Anglos du Canada tant abhorrés. (Il faut dire, pour être honnête, qu'il a toujours existé, profondément enracinée dans la culture populaire québécoise, une affinité élective avec les États-Unis plutôt qu'avec le Canada anglophone.) L'opération de séduction amorcée par René Lévesque à l'endroit du milieu d'affaires newyorkais en 1977 laissait entrevoir la position qu'adopterait le PQ, une dizaine d'années plus tard, sur la question du libre-échange. Parizeau, devenu depuis le chef du Parti, avait coutume de répéter que le libre-échange accélérerait la désintégration du Canada et, par le fait même, l'accès du Québec à son indépendance.

Les libéraux de Robert Bourassa se sont montrés moins inspirés par Richelieu (ou serait-ce Machiavel ?) dans leurs calculs. Au milieu des années quatre-vingt, leur adhésion au libre-échange reposait davantage sur la conviction que cela ne pouvait que profiter à ce que j'appellerais les nouveaux huguenots du Québec (c'est-à-dire sa nouvelle classe d'entrepreneurs) et à son secteur des ressources, en particulier l'électricité. Bourassa jouait enfin un rôle décisif, ce qu'il n'avait jamais pu faire du temps de Trudeau qui, d'ailleurs, ne se donnait guère la peine de lui cacher son mépris (amplement justifié, maintenant que j'y repense !). Faute de pouvoir compter sur un parti conservateur provincial au Québec, Mulroney devait se rabattre sur l'appui conjoint des libéraux et du PQ pour se maintenir à flot dans cette province. Il était prêt à s'engager sur deux fronts — la constitution et le libre-échange —, où Bourassa risquait fort de n'en faire qu'à sa tête. C'est pourquoi, aussi bien durant les élections fédérales qu'au cours des mois qui les précédèrent, ce dernier a clairement indiqué qu'il se rangeait dans le camp de son ami Brian. Conjuguée à celle du PQ et des médias francophones, cette prise de position a contribué à assurer la victoire des conservateurs aux élections et, partant, l'adoption de l'Accord de libre-échange.

Un autre facteur, tout aussi frappant, est l'appui crucial qu'a apporté à la cause du libre-échange le groupe qui, plus que tout autre, jouit d'une influence politique déterminante dans ce pays : la grande entreprise. Vous me pardonnerez de me montrer si amer, mais la principale leçon qui, à mon avis, ressort de cette élection, c'est que lorsque la grande entreprise décide quelque chose, elle arrive toujours à ses fins, quel que soit le sentiment populaire. La véritable différence entre 1911 et 1988 tient au fait qu'elle s'opposait alors à toute entente de réciprocité, tandis qu'elle a cette fois-ci soutenu massivement le libre-échange. Et tant pis pour l'autonomie du pouvoir politique et le pluralisme du pouvoir institutionnel dans notre démocratie libérale atteinte de myopie.

Le premier mouvement en faveur du libre-échange est venu de groupes comme le Conseil canadien des chefs d'entreprises (Business Council on National Issues) qui représente quelque 150 des plus grosses sociétés du pays (à capitaux tant canadiens qu'étrangers). Il était soutenu par des groupes de théoriciens comme le C.D. Howe Institute, lui-même financé par des intérêts privés, et n'a pas tardé à recevoir l'imprimatur d'organismes gouvernementaux qui entretiennent ostensiblement et dans le cours normal de leurs activités des relations avec la grande entreprise, tels le Conseil économique du Canada ou la Commission royale d'enquête sur l'union économique et les perspectives de développement du Canada (la commission Macdonald). Il suffit d'examiner les mémoires soumis par les sociétés à la Commission et de lire certains passages de son *Rapport* de même que son préambule vantant les mérites du libre-échange pour constater à quel point l'idéologie de la grande entreprise y a préséance.

Ce qui a surtout changé depuis cinquante ans, estime-t-on généralement, ce sont les paramètres commerciaux de l'économie mondiale. Le Canada ne peut se comporter plus longtemps comme une puissance de troisième ordre et se contenter de traiter avec le premier venu. Le monde est en train de se diviser en quelques grands blocs commerciaux et, compte tenu de notre population et de notre base économique relativement restreintes, nous n'avons d'autre recours que de nous allier à une grande puissance économique. Dans notre cas, il ne peut s'agir que des États-Unis où nous exportons déjà 70 pour 100 de nos produits et avec qui nous entretenons bien d'autres liens. Et si nous refusons de conclure une telle alliance, on nous l'a assez répété, nous risquons de voir l'épée du protectionnisme et des droits compensatoires s'abattre sur nos têtes. Nous deviendrons une nation d'indigents, affaiblie et appauvrie, incapable de maintenir le niveau de prospérité économique et les programmes sociaux correspondants auxquels nous sommes habitués.

À première vue, ce sont là des arguments nettement convaincants pour qui oublie que l'économie canadienne s'est fort bien portée sans accord de libre-échange tout au long des années quatre-vingt et que tout indique qu'il en ira de même au cours de la prochaine décennie. Mais le mouvement libre-échangiste s'appuie sur une autre prémisse, celle qui soutient que ce qui est bon pour la grande entreprise l'est également pour le pays. Il me faut admettre que les grandes sociétés canadiennes ont tout à gagner de l'intégration de nos deux économies, avec les nouveaux débouchés qui s'ouvriront à elles au sud de la frontière et la suppression ou la réduction des contrôles et réglementations étatiques (généralement plus importants au Canada qu'aux États-Unis). En revanche, le monde syndical ne pourra qu'y laisser des plumes, puisqu'il se retrouvera aux prises avec la législation américaine sur le droit au travail, des diminutions de salaires et un taux de syndicalisation inférieur au nôtre de moitié (seulement 16 pour 100 de la main-d'œuvre américaine est syndiquée, comparativement à 37 pour 100 au Canada). Si j'étais Robert Campeau (avant sa chute!), David Culver ou Conrad Black, je serais moi aussi un partisan convaincu de l'Accord canado-américain de libre-échange.

Mais, ainsi que je l'expliquais dans l'une de mes précédentes lettres, je reste pénétré d'une méfiance rousseauienne à l'endroit des rois de la finance. Je ne suis nullement tenté par ce train de vie ostentatoire qui fait les beaux jours des magazines qui jonchent nos pas de portes, et je n'ai jamais cru que, livrées à elles-mêmes, les forces invisibles du marché pourraient engendrer autre chose que des formes d'inégalité aussi iniques que celles qui les ont précédées. Je n'ai jamais pensé que les théories inspirées d'Adam Smith étaient parole d'évangile et ce n'est pas aujourd'hui que je commencerai à le faire, considérant que nous vivons dans des sociétés où ce sont les travailleurs frappés par la récession de secteurs comme ceux des charbonnages ou des aciéries, les sans-abri dont regorgent nos villes ou encore les membres des minorités visibles qui font les frais des révolutions à la Reagan ou à la Thatcher. Quand on pense en outre aux conséquences, à l'échelle internationale, du credo néo-conservateur — les politiques monétaires imposées au tiers monde par le Fonds monétaire international (FMI) et par la Banque mondiale, les ponctions pratiquées dans les salaires ou les subventions sur les denrées alimentaires, les investissements effectués dans les pays les mieux nantis, la dégradation de l'environnement —, cela donne une petite idée de l'enfer où pourraient nous conduire les beaux discours d'un Milton Friedman ou d'un James Buchanan.

Cher ami *, c'est justement parce que je ne suis *pas* un néo-conservateur, parce que je ne suis *pas* un inconditionnel des forces du marché *über alles*, parce que je ne crois *pas* que le monde de la politique et celui de la finance doivent forcément être calqués l'un sur l'autre que je suis opposé, du plus profond de mon être, à l'Accord de libre-échange Canada-États-Unis. Car j'attache une trop grande importance (et je croyais autrefois qu'il en était de même pour vous) aux options bafouées par ce traité — le fait de consacrer comme but suprême de l'existence des valeurs autres que le profit individuel — pour accepter qu'on les paie d'un prix aussi exorbitant.

À vrai dire, l'accord concerne moins les pratiques commerciales que le type même de société que nous souhaitons pour les années quatre-vingt-dix et même au-delà. Depuis l'après-guerre, l'identité canadienne s'est rapprochée de plus en plus des valeurs collectives de la gauche libérale. L'assurance-santé, le régime de pensions du Canada, les programmes de péréquation régionale en sont quelques-uns des symboles, au même titre que la Société Radio-Canada, le Conseil des Arts ou Pétro-Canada. Leurs partisans provenaient, dans une proportion démesurée, du centre et de la gauche de l'éventail politique et appartenaient donc à d'autres courants sociaux que la grande entreprise.

On n'a qu'à penser aux principaux adversaires du libre-échange — les syndicats, les mouvements féminins, les organismes culturels, les groupes écologiques, les unions de producteurs agricoles, les cercles relevant des Églises progressistes — pour mieux comprendre quels sont les intérêts qui se dressent contre ceux du grand capital. Plusieurs ont dénoncé les mesures néo-conservatrices, aux niveaux à la fois national et provincial (qu'on se rappelle le mémoire de l'épiscopat canadien, diffusé en 1983 : «Jalons d'éthique et réflexions sur la crise économique actuelle», réclamant des politiques qui favoriseraient les secteurs coopératifs et sans but lucratif, dans une perspective de justice redistributive. Pour la plupart de ces groupes, le nationalisme canadien n'était pas une fin en soi, mais représentait plutôt le moyen de bâtir (ou de préserver) pour l'ensemble du Canada une société où l'homme ne serait pas un loup pour l'homme. Par conséquent, la véritable tragédie du libre-échange ne réside pas dans l'affaiblissement abstrait de la souveraineté canadienne. J'estime, de toute façon, qu'une souveraineté de type hobbesien est de moins en moins justifiée en cette fin du XXe siècle et que nous devons nous situer de plus en plus dans une perspective internationale. Mais, tout comme je préférais durant les années soixante l'internationalisme des mouvements étudiants à celui des multinationales, il m'apparaît important de préconiser des modèles sociaux progressistes plutôt que leur pendant néo-conservateur inscrit dans l'Accord de libre-échange canado-américain. Parce que j'adhère à un ensemble de valeurs plus collectives, je rejette les effets homogénéisateurs qu'a sur le secteur énergétique, sur les investissements ou sur le marché du travail, un accord global conclu avec une puissance comme les États-Unis, qui pratique un capitalisme si peu civilisé. (Il m'aurait été toutefois moins difficile d'accepter une libéralisation du commerce découlant d'un ensemble de dispositions plus authentiquement internationales, comme le GATT.) Faute d'un gouvernement mondial, ce sont les frontières nationales qui continueront de servir de cadre aux efforts collectifs et à la promotion, sur le plan international, de valeurs progressistes plutôt que réactionnaires. En ce sens, le refus de l'Accord aurait concrétisé notre volonté d'opter pour une orientation plus progressiste.

Il ressort du résultat des élections que, dans huit provinces, la majorité s'est prononcée contre l'Accord de libre-échange. Il est vrai que la totalité des votes libéraux ou néo-démocrates n'étaient pas des votes contre l'entente (une minorité au sein de chacun des deux partis favorisait cette dernière), mais, dans l'ensemble, si on évalue à un total de 55 à 60 pour 100 les suffrages accordés aux libéraux et au NPD dans chaque province, à l'exception de l'Alberta, on est en droit de supposer que le Canada anglais — les Maritimes, l'Ontario, l'Ouest moins l'Alberta — a voté en bloc contre l'Accord. Les motifs sous-jacents de ce vote ne sont pas tous évidents. Il est certain que le nationalisme a joué un rôle important — on se souviendra plus particulièrement de la campagne de Turner. Mais il en a été de même, à mon avis, du désir de vivre dans une société moins dominée par les lois du marché (à preuve les risques qui pesaient sur les programmes sociaux et l'assurance-santé, comme l'ont relevé les libéraux et les néo-démocrates). Ce que je sais, néanmoins, c'est que la victoire conservatrice a infligé de profondes blessures et donné l'impression que notre identité était en péril, dans les nombreuses régions du Canada anglais où l'on ne voit pas de BMW et de Mercedes dans les entrées de garage.

Symboliquement, nous nous sommes énormément rapprochés du modèle américain. Nous avons mis fin à vingt années d'une indépendance croissante — sur les plans économique, culturel, politique — en adoptant une orientation nettement continentale. Nous sommes passés d'une forme de gouvernement un peu plus interventionniste, de mesures politiques tout juste favorables aux programmes sociaux et aux droits des syndicats à d'autres qui sont beaucoup plus dures. Ce virage à droite, amorcé pendant le premier mandat de Mulroney, va probablement aller en s'accentuant, et ce, de telle sorte qu'il sera infiniment plus difficile d'en inverser le cours. Cela m'amène à reparler du vote du Québec qui a donné à Mulroney sa majorité parlementaire. Le ressentiment provoqué par votre suffrage chez un aussi grand nombre d'électeurs anti-libre-échangistes au Canada anglais découle de trois facteurs. Tout d'abord c'est manifestement votre vote (beaucoup plus que celui de l'Alberta) qui a été le facteur déterminant dans cette élection ; s'il y avait eu une répartition plus équilibrée des voix et des sièges entre les trois partis politiques présents au Québec, les conservateurs auraient été minoritaires ou auraient obtenu une majorité si faible qu'elle ne leur aurait pas permis d'imposer le libre-échange à tout le pays. Deuxièmement, en votant massivement pour le parti favori, une vieille tradition locale, le Québec se trouvait à exercer une influence indue sur le gouvernement fédéral, ce qui diminuait d'autant celle des autres régions, moins homogènes dans leurs suffrages, sur ce gouvernement, qui est en principe également le leur. Troisièmement, vous avez, lors de cette élection, témoigné par votre vote d'une suprême indifférence à l'égard de l'identité canadienne et des choix de société si clairement définis dans le reste du Canada. La seule chose qui comptait pour votre élite politique (et pour la grande entreprise qui la soutenait), c'était les avantages (réels ou hypothétiques) que le Québec pouvait espérer retirer de l'entente. Votre langue et votre culture vous tenaient manifestement à l'abri de l'influence américaine (je pense que vous sous-estimez gravement les risques que vous courez) et, de toute façon, vous n'hésiteriez pas à prendre les mesures nécessaires pour protéger *votre* identité nationale si jamais elle était menacée, comme devaient le prouver les décisions de votre gouvernement à la suite du jugement de la Cour suprême. Par contre, votre attitude envers *notre* identité nationale (ou le choix entre un modèle modérément égalitaire et un modèle néo-conservateur) témoigne d'un égoïsme sans bornes, à la limite du mépris.

Je suis assurément injuste, *cher ami* *, en mettant tous les Québécois dans le même sac, alors qu'environ 47 pour 100 d'entre vous ont voté pour d'autres partis que les conservateurs. Et je sais pertinemment que bon nombre de syndicalistes, d'agriculteurs, d'intellectuels dotés d'un esprit critique, de citoyens ordinaires, francophones et anglophones, étaient carrément contre le traité de libre-échange. Mes sentiments à votre égard n'ont nullement changé du seul fait des élections. Mais je me sens empli d'amertume en pensant à tous les Claude Charron et Jacques Parizeau de la terre, à tous ces Québécois qui se targuent de nationalisme et dont le cynisme pour tout ce qui touche nos intérêts ne peut qu'engendrer une hostilité passionnée en retour. Je me sens empli d'amertume en pensant à Robert Bourassa et à son gouvernement, qui exigent l'adoption de la clause de société distincte pour le Québec, sans se soucier des répercussions que cela aurait sur les ententes fédérales-provinciales pour le reste du pays, et qui oublient le fait que c'est notre non-américanité qui fait du Canada anglais une société distincte. Je me sens plein d'amertume en pensant à tous ceux qui veulent gagner sur tous les fronts — en obtenant le maximum de droits et de pouvoirs pour eux-mêmes, en faisant fi des droits et des intérêts de « l'autre ».

Au cours de cette campagne fédérale, nous avons vu les intérêts et débats politiques revêtir une dimension populaire sans précédent dans l'histoire récente du Canada. Ce n'était pas une élection normale, mais plutôt un référendum implicite sur l'avenir du Canada. Le libre-échange est devenu la pierre de touche de sentiments puissants envers l'identité canadienne et a fait ressortir un sens du nationalisme qui est habituellement profondément enfoui. Il a fait réagir les fermiers des Prairies et les bûcherons de la Colombie-Britannique, les pêcheurs de homards des Maritimes et les ouvriers de l'automobile de l'Ontario, les intellos torontois, les artistes de l'Île-du-Prince-Édouard et les activistes culturels de Vancouver, les écologistes et les féministes de tous les coins du pays. Il est difficile, après les avoir réveillés, d'apaiser de tels sentiments. Et les nationalistes canadiens-anglais, édition 1988, ne vont sûrement pas rester les bras croisés à observer l'éventuelle disparition des valeurs qui ont forgé notre pays, pour mieux plaire à la grande entreprise. Le libre-échange va aliéner la politique canadienne pour de nombreuses années, et chaque fermeture d'usine, chaque menace d'abolition de nos programmes sociaux ou des subventions gouvernementales, chaque coup porté à l'intégrité de notre tissu culturel vont polariser l'opinion toujours davantage.

Et, que vous le vouliez ou non (cela ne me plaît guère, mais c'est une réalité tangible), bon nombre de Canadiens anglais commencent à éprouver une certaine hostilité à l'endroit du Québec. C'est que vous avez refusé de comprendre le Canada anglais, vous avez laissé la cupidité de vos élites politiques et industrielles l'emporter sur votre jugement, vous avez brutalement précipité ce pays dans une aventure à laquelle il ne pourra peut-être pas survivre. Ce ressentiment a presque déjà fait une première victime : l'Accord du lac Meech. Et ce ne sera probablement pas la seule. L'Accord de libre-échange nous a plongés dans une crise potentiellement aussi grave que celle que nous avons connue en 1965, lors du dépôt du Rapport préliminaire de la Commission royale d'enquête sur le bilinguisme et le biculturalisme.

8

Les questions constitutionnelles ? Je vous vois bâiller d'ici et je dois admettre que ce n'est pas sans un certain trouble que je me prépare à les aborder. Dieu sait que, depuis vingt-cinq ans, nous avons eu plus que notre lot de débats constitutionnels — formules d'amendement, statut particulier, répartition des pouvoirs, rapatriement de la Constitution, Charte des droits et libertés, processus judiciaire et empiétement législatif. Sans compter qu'autrefois la section judiciaire du Conseil privé avait tenu passablement occupée pendant de longues décennies une autre génération de juristes et d'experts avec son interprétation de l'Acte de l'Amérique du Nord britannique (la section 91 relative à « la paix, l'ordre et le bon gouvernement » par opposition à la section 92, « Propriété et droits civils »).

Il y a tout de même des choses plus importantes que cela en ce bas monde, telles que, pour nous en tenir aux questions politiques, les voies à suivre pour rendre nos sociétés encore plus authentiquement démocratiques qu'elles ne le sont déjà. Quoi qu'il en soit, nous sommes ici au Canada et il est impossible, dans une correspondance de ce genre, d'éluder les problèmes que posent, à nous comme à vous, le fédéralisme et les amendements constitutionnels. C'est pourquoi je vais revenir sur le Lac Meech — sur les événements qui l'ont précédé, sur ce qui, d'après moi, constituait le fond de la question et sur les causes de son échec. (Je pars du principe qu'il ne sera jamais adopté dans sa forme originale !)

Il y a quelques années, j'ai publié un essai, intitulé *Parliament vs. People*, dans lequel je dénonçais sans ambages la façon dont Trudeau avait manigancé le rapatriement de la Constitution canadienne et la Charte des droits et libertés. Toute mon argumentation reposait sur le fait que, dans ce pays, l'élaboration de la Constitution n'a jamais relevé d'un processus démocratique et que la version de 1981, concoctée presque entièrement à huis clos par des politiciens fédéraux et provinciaux, était un héritage direct de l'Acte de l'Amérique du Nord britannique, lui-même mis au point par des politiciens coloniaux au cours de délibérations exemptes de la moindre référence au peuple. Toujours dans cet essai, j'accusais également Trudeau de bonapartisme constitutionnel parce qu'il avait imposé son propre calendrier de réformes, peu après la tenue du référendum québécois, faisant fi du désir généralisé (même parmi ceux qui avaient voté « non ») de voir reconnue, plus ou moins tacitement, la spécificité du Québec au sein du Canada. Quelques mots à propos des « peuples du Canada » ou du « caractère binational du Canada » auraient probablement répondu à cette attente, et il aurait été alors plus difficile pour un gouvernement québécois, péquiste ou libéral, de se dissocier de la Charte.

Mais pareille concession était impensable pour Trudeau qui, durant toute sa carrière politique, s'était systématiquement dressé contre le nationalisme québécois et la doctrine des « deux nations ». Elle aurait également été à l'encontre de cette pointe de libéralisme hautement idéologique en vertu duquel les droits ne pouvaient être qu'individuels et non collectifs. C'est pourquoi la Charte est délibérément muette au chapitre des droits sociaux (droits à la santé, à l'instruction ou au travail), des droits des syndicats et des droits nationaux, et que la jurisprudence qui s'en inspire, comme les décisions de la Cour suprême, penche généralement dans le même sens.

Je ne peux m'empêcher de penser que, du fait de ses agissements de 1981-1982, Trudeau est le véritable artisan du Lac Meech. J'écris ces lignes tout en sachant pertinemment que personne ne s'est montré aussi acerbe (ni aussi éloquent) dans la dénonciation de cet accord et que je partage bon nombre de ses critiques. Cela dit, nous ne nous serions pas retrouvés aux prises avec une nouvelle série de débats constitutionnels en 1986-1987 si l'insertion des clauses appropriées avaient permis au Québec d'adhérer à l'entente de 1981-1982. Et si jamais l'une ou l'autre des provinces, y compris le Québec, avait refusé de l'approuver, on aurait toujours pu tenir un référendum et soumettre l'entente au verdict populaire — ce qui l'aurait dotée de plus de légitimité qu'elle n'en a maintenant.

Pour être juste envers Trudeau, je dois reconnaître, bien qu'à contrecœur, que son projet constitutionnel de 1980-1981, si on le compare à ce qui a suivi, respectait les principes démocratiques de façon exemplaire. Il avait au moins prévu une commission interparlementaire qui a entendu des centaines de mémoires et apporté quelques changements substantiels aux sections de la Charte. Et, vers la fin des audiences, les pressions de la base, et plus particulièrement des mouvements féminins et autochtones, avaient entraîné de nouvelles modifications tout aussi essentielles. Qui plus est, en novembre 1981, Trudeau lui-même (en accord avec Lévesque) était prêt à envisager la tenue d'un référendum avant l'entrée en vigueur de la Constitution.

Alors qu'il devait résoudre un problème précis, l'Accord du Lac Meech en a, en fait, engendré bien d'autres. Conçu par Gil Rémillard, ministre de la Justice dans le cabinet Bourassa qui avait critiqué le caractère antidémocratique des débats constitutionnels en 1981-1982, et, du côté fédéral, par des fonctionnaires comme Norman Spector, bras droit du premier ministre Bill Bennett au moment de la poussée néo-conservatrice de 1983 en Colombie-Britannique, le Lac Meech consacrait le statut de « société distincte » du Québec. C'était là la principale clause qui devait corriger l'omission des droits nationaux dans la Charte et permettre au Québec de « réintégrer la Constitution ». Et, dans l'immédiat, cela semblait bien devoir régler la question. Cette clause était devenue le point de ralliement des faiseurs d'opinion tant québécois que canadiens-anglais — premiers ministres provinciaux, chefs des Partis libéral et néo-démocrate fédéraux. Oser se prononcer contre tel ou tel point de l'Accord, c'était s'exposer à être taxé d'ennemi de la réconciliation nationale et du Québec. Proposer d'éventuels amendements comportait le même risque.

Le Lac Meech, cela va sans dire, était loin de se limiter à la seule clause de la société distincte. Prêt à payer le prix fort pour rallier à lui ses homologues provinciaux, soucieux pour la plupart de renforcer leur propre position, Mulroney se préparait à brader une bonne partie des pouvoirs fédéraux. Ainsi, *tous* les gouvernements provinciaux pourraient, à l'avenir, se retirer des nouveaux programmes sociaux fédéral-provinciaux et obtenir en échange une compensation adéquate. Les nouvelles nominations au Sénat, tout comme celles des juges appelés à siéger à la Cour suprême, se feraient à partir d'une liste établie par les premiers ministres provinciaux. Des conférences fédérales-provinciales sur les questions constitutionnelles auraient lieu annuellement, et toute modification institutionnelle d'envergure, comme l'admission de nouvelles provinces ou la réforme du Sénat, nécessiterait désormais l'unanimité et non plus l'accord de 7 des 10 provinces. En résumé, l'adhésion du Québec à la Constitution se traduirait par un affaiblissement notable du gouvernement fédéral et par l'application d'une formule plus rigide dans le cas des changements constitutionnels.

Malgré les audiences *pro forma* tenues par le Parlement du Canada et par les législatures provinciales, cet accord ne tolérait manifestement aucun amendement, pas plus qu'il ne déterminait clairement le rapport entre la clause de la société distincte et les droits linguistiques des minorités ou tout autre droit inscrit dans la Charte. On nous demandait de croire Mulroney et les autres quand ils nous promettaient que tout irait pour le mieux dans le meilleur des mondes. Et pas question de dénoncer le coup de force perpétré cette fois-ci — ni les prochains qui pourraient survenir — par 11 politiciens à qui la population, au nom de qui ils agissaient ostensiblement, n'avait explicitement confié aucun mandat en ce sens.

Le plus incroyable, quand on y pense, c'est le nombre de Canadiens anglais qui ont accepté cet arrangement. J'avoue que je faisais partie du nombre — suffisamment échaudé par la façon dont Trudeau avait ignoré le Québec en 1981 pour être prêt à gober n'importe quoi en 1987. Et ce, même si l'absence de référendum pour faire approuver les changements constitutionnels directement par la population m'apparaît répréhensible, même si je ne veux pas voir augmenter d'un iota les pouvoirs d'un Bill Vander Zalm (ou de tout autre premier ministre de Colombie-Britannique), même si je préfère de loin un Sénat élu, disposant peut-être d'un droit de veto sur les législations votées par les Communes, à un Sénat nommé, et même si la dilution du pouvoir de dépenser du fédéral ou des programmes sociaux qu'il finance risque de renforcer les attitudes néo-conservatrices au niveau régional. Nous n'entrevoyons pas toujours toute la portée de nos positions. Et même après avoir lu et entendu Trudeau quand il déçonçait le Lac Meech et la façon dont le gouvernement fédéral s'en trouverait émasculé, j'ai été suffisamment outré par son attitude tyrannique d'il y a cinq ans pour n'y voir que les jérémiades d'un observateur partial. Jusqu'au 21 novembre.

C'est à ce moment-là que le ciel m'est tombé sur la tête. D'un côté vous étiez là, vous, au Québec — Robert Bourassa en tête —, prêts à laisser un gouvernement qui, à l'extérieur de votre province, n'avait obtenu que les deux cinquièmes du suffrage populaire nous imposer le libre-échange. De l'autre côté, il y avait notre identité, laborieusement conquise à force de résister depuis plus de cent vingt ans aux flatteries et aux empiétements des États-Unis qui nous croyaient à leur merci ; il y avait la capacité du gouvernement canadien de restreindre les incursions des Américains dans notre secteur des ressources, dans notre secteur des services et même dans nos programmes sociaux, déjà exsangues. Et vous veniez nous demander, avec le Lac Meech, de réduire encore plus les pouvoirs du gouvernement fédéral, à seule fin de reconnaître *votre* identité distincte. Pis encore, nous étions prêts à nous féliciter du marché fantastique que nous avions conclu au passage.

Le soir du 21 novembre, il m'est apparu clairement (comme à beaucoup d'autres) que nous nous étions bercés d'illusions. Vous (j'entends par là la majorité des Québécois), vous vous moquiez comme de l'an quarante de nos préoccupations, de notre nationalité, vous ne vous souciiez que des vôtres. Pendant près de trente ans, on n'avait cessé de nous répéter combien le Canada anglais s'était mal conduit envers le Québec, que votre survie en Amérique du Nord ne tenait qu'à un fil, pourquoi vous aviez besoin de pouvoirs spéciaux et peut-être même de la souveraineté pour préserver votre identité. Et alors que, *pour une fois*, c'était notre identité qui était menacée, alors que c'était à notre tour de vous demander votre aide pour permettre à nos *deux* sociétés de conserver un minimum d'indépendance vis-à-vis des États-Unis, vous n'avez pas hésité à nous gratifier d'un « non » retentissant.

Le Lac Meech a commencé à s'effilocher presque d'un seul coup. Cela n'avait plus aucun sens, à nos yeux, de violer certains de nos principes les plus chers pour aider un partenaire aussi discourtois. Pourquoi accorder foi aux menaces de Gil Rémillard (« Il n'y aura plus de négociations constitutionnelles si le Lac Meech échoue ») ou aux remarques insipides de Bourassa (« L'opposition au Lac Meech n'est rien d'autre qu'une réaction de dépit de la part des adversaires du libre-échange »), puisque nous n'avions plus à tenir compte que de nos propres intérêts. Vous nous aviez appris en l'espace de quelques heures que seul l'égoïsme importait, que la moindre de nos concessions resterait sans réponse tant que vous n'auriez pas commencé à accorder à nos intérêts la moitié de l'importance que nous avons consentie aux vôtres. Si vous vouliez vous conduire en rustres, nous n'allions sûrement pas prendre des gants avec vous.

Trois jours après les élections, le leader du NPD manitobain a annoncé que son parti n'appuyait pas le Lac Meech. Gary Doer, de concert avec son homologue libéral, Sharon Carstairs, parlaient au nom de millions de Canadiens anglais, convaincus que le pays ne pouvait s'offrir à la fois le libre-échange et le Lac Meech. Ils parlaient au nom de millions des leurs qui ne voulaient plus voir le gouvernement fédéral déléguer davantage de pouvoirs aux provinces. Ils parlaient enfin au nom de millions des leurs pour qui l'absence d'une véritable participation populaire dans les débats du Lac Meech et la désinvolture avec laquelle on en profitait pour remanier la Constitution étaient des procédés carrément dégoûtants.

Le reste appartient à l'histoire. En réponse au rejet par Bourassa de la décision de la Cour suprême, le premier ministre du Manitoba a annoncé lui-même que ses parlementaires ne débattraient pas de la résolution sur le Lac Meech. Et il est alors devenu évident que les droits de la minorité anglophone au Québec, tout comme ceux de la minorité francophone dans le reste du Canada, revêtent une importance nationale beaucoup plus grande et qu'on ne peut les sacrifier au nom d'une « société distincte » sans porter un coup mortel à la notion de bilinguisme et de biculturalisme qui sous-tend le fédéralisme canadien depuis vingt ans.

Nous voici donc revenus à la case départ. Deviendrons-nous une fédération à la suisse avec la loi 101 et d'autres lois même genre qui éroderont progressivement l'usage de l'anglais au Québec, jusqu'à ce que la province devienne, *de facto*, complètement unilingue ? Est-ce qu'en échange le Canada fera preuve d'un scepticisme croissant vis-à-vis des droits de la minorité francophone et de l'utilisation par le Canada de l'autre langue officielle à l'intérieur de ses frontières ? Ce scénario n'a rien d'invraisemblable, puisque c'est justement ce genre de situation conflictuelle que la Belgique vit actuellement sur le plan linguistique. Par contre, sommes-nous prêts à faire preuve d'un degré raisonnable de tolérance envers nos deux minorités linguistiques — ou vaudrait-il mieux parler d'otages — et à respecter leurs caractéristiques et leurs intérêts respectifs ?

Je ne cesse de revenir sur ce point. La véritable leçon qui ressort du couplage du libre-échange et du Lac Meech, c'est que les actes d'une société se répercutent sur l'autre — qu'elles en soient pleinement conscientes ou non.

Vous ne pouvez vous entêter à ignorer nos vues sur le libre-échange tout en espérant que nous vous laisserons allègrement poursuivre la réforme constitutionnelle. Nous ne pouvons vous imposer notre vision du fédéralisme ou du nationalisme canadien si l'interprétation de vos propres intérêts vous entraîne dans la direction opposée. Mais si nous devons vivre ensemble, il nous faudra introduire dans nos relations le principe de la réciprocité. Ce ne peut pas toujours être le même qui prend et le même qui donne.

L'élection du 21 novembre représente un point tournant dans l'évolution des sentiments du Canada anglais à l'endroit du Québec. Nous n'avons plus l'intention de vous proposer sans fin des concessions, négligeant du même coup nos propres intérêts fondamentaux. Nous n'avons aucune raison de nous excuser de notre engagement envers un État central raisonnablement fort — incarnation même de l'identité canadienne-anglaise — pas plus que nous n'y renoncerons pour plaire à Mulroney, à Bourassa ou n'importe qui d'autre. Nous sommes prêts à prendre au sérieux le bilinguisme et le biculturalisme, mais nous nous attendons à ce que vous en fassiez autant. Cela ne vous empêchera pas de prendre des mesures pour promouvoir ou pour protéger la langue française au Québec. Mais il s'ensuit qu'il ne peut y avoir une série de principes pour les droits de la minorité au Canada anglais et une autre, complètement différente, pour le Québec. Si vous faites fi de nos préoccupations légitimes à cet égard, ne comptez pas sur nous pour respecter les vôtres.

J'entends d'ici des menaces voilées sur fond de souveraineté-association ou d'indépendance intégrale. Cela ne m'effraie pas. Nombreux sont ceux, surtout dans

l'Ouest, qui seraient probablement séduits par la souve-
raineté- association. Et qui soutiendraient même que notre sang se trouverait ainsi quelque peu purifié. Quant à
l'indépendance du Québec, cela signifierait simplement
que nos deux solitudes s'américaniseraient à leur propre
rythme, vous avec ce qui reste de votre langue pour en
envelopper votre identité, nous avec notre attachement
anémique à des valeurs moins individualistes que celles
des Américains.

Il serait beaucoup trop facile, *cher ami**, d'effacer
cent vingt ans de vie commune, comme si seule une haine
réciproque en avait caractérisé le cours. Et je ne vous écris
pas ces lettres comme exutoire à ma colère. Je suis pleinement conscient des dures réalités qui nous guettent, vous
tout autant que nous, dans ce monde de progrès, témoin
de l'avènement du libre-échange *et* du désaccord constitutionnel. Si nous devons survivre comme collectivités
viables, ce sera uniquement parce que chacun d'entre
nous aura accepté de maintenir un équilibre entre l'intérêt personnel et le respect des intérêts légitimes de l'autre. C'est là un domaine où vous n'avez pas réussi aussi
bien que nous, ces dernières années. Un vers de Rilke me
vient à l'esprit : « Vous devez changer votre vie. »

9

Qu'est-ce que cela pourrait signifier exactement
— changer des attitudes collectives — alors qu'il est déjà
si tard ? Admettre qu'on peut être attaché à sa collectivité
linguistique et culturelle, à sa nation, tout en respectant
la collectivité linguistique et culturelle avec laquelle on
doit cohabiter ? Admettre qu'il existe des valeurs qui
transcendent les frontières linguistiques et peuvent nous
réunir dans la poursuite d'objectifs et d'intérêts communs, en tant qu'êtres humains, en tant qu'habitants
d'une planète de plus en plus polluée, d'un monde qui
réclame à grands cris une répartition plus équitable des
biens et des ressources entre le Nord et le Sud ? Adhérer
à un système universel de droits et, ajouterai-je, sans
clause dérogatoire ?

Cher ami *, je ne partage pas le rêve de Trudeau et de
sa génération de faire du Canada une société bilingue et
biculturelle d'un océan à l'autre. (Je pense que c'était
bien là, au fond, leur idéal.) Pas plus que je ne crois un
seul instant que la grande majorité d'une communauté
linguistique puisse jamais connaître une autre langue et
une autre culture au point de se familiariser réellement
avec l'une et l'autre. Rares sont les individus capables

d'une telle transition ou, à l'instar des *philosophes* * du XVIIIe siècle, de se réfugier dans leur rhétorique, sourds au brouhaha des divisions nationales. Croire qu'un anglophone de Calgary puisse comprendre ce que signifie « vivre » au Québec ou un francophone de Chicoutimi ce que veut vraiment dire « vivre » en Alberta et assimiler les comportements et traditions qui contribuent à façonner les *mentalités* * n'est rien d'autre qu'un fantasme sociologique. C'est, comme le soutenait Rousseau en parlant d'autre chose, considérer que nous vivons parmi les anges et non dans une société constituée d'hommes et de femmes.

Il est, en revanche, moins utopique d'espérer que l'on manifeste un minimum de curiosité envers une société toute proche, surtout lorsqu'on partage avec elle une même structure politique, un même cadre économique et un même système social. Je ne parle pas ici de cette connaissance superficielle qu'on peut acquérir en passant un week-end à Montréal ou à Toronto, à l'occasion d'un rendez-vous d'affaires ou d'un congrès professionnel ou syndical, ou en envoyant ses adolescents passer deux semaines au sein de l'autre communauté linguistique. Tout cela peut s'avérer très valorisant pour les intéressés, mais a rarement un effet durable.

Je fais allusion à la nécessité d'un intérêt vivace, tel qu'on pourrait en trouver l'expression dans les manuels de nos écoles primaires et secondaires, dans l'enseignement et la recherche universitaires, dans nos journaux et revues, dans nos émissions de radio et télévision, au sein des masses et parmi les intellectuels. Cette insistance ne signifie nullement qu'on doive se détourner des éléments qui fondent notre unicité. Elle sous-entend plutôt une certaine ouverture aux intérêts de l'autre, la reconnaissance tacite qu'il existe bel et bien dans ce pays deux grandes communautés culturelles et linguistiques.

En tant qu'universitaire canadien-anglais animé d'un intérêt soutenu pour le Québec, j'étais indéniablement dans une position privilégiée pour suivre vos débats, me plonger dans les écrits de vos spécialistes des sciences humaines, observer les grandes tendances de votre vie culturelle. Et il s'en est trouvé d'autres au Canada anglais — journalistes, historiens, professeurs, critiques littéraires — pour vous rendre le suprême hommage de vous prendre au sérieux autant que vous le faites vous-mêmes. Un peu de cette attention s'est reflétée, lentement et à des degrés divers, je l'admets volontiers, dans la façon dont les manuels scolaires canadiens-anglais ont traité d'événements comme la Révolution tranquille, le référendum de 1980, les crises de la conscription lors des deux conflits mondiaux, la question des écoles du Manitoba ou la pendaison de Riel. L'interprétation qui en était faite ne correspondait pas toujours à la vôtre, mais ils n'étaient plus passés sous silence, pas plus que votre point de vue d'ailleurs.

Si j'ai un compte à régler avec vous, c'est parce que je ne constate pas, dans votre communauté intellectuelle, un intérêt équivalent pour le Canada anglais. Où sont vos spécialistes de la vie politique canadienne-anglaise, de l'histoire du Canada en comparaison avec celle du Québec, de notre évolution littéraire ou culturelle ? Quelle part fait-on aux thèmes canadiens, comparativement aux thèmes québécois, dans les manuels qui sont en usage dans vos écoles primaires ou secondaires ? Combien de vos universitaires ont séjourné dans les universités canadiennes-anglaises ou se sont intéressés à nos débats ? Dans quelle mesure *Le Devoir* ou *La Presse*, sauf lorsqu'il s'agit d'événements qui vous touchent directement, rapportent-ils ce qui se passe au Canada anglais ?

Je trouve tout de même étrange que vous soyez si peu ouverts au reste du Canada. Je sais que votre population n'équivaut qu'au tiers de la nôtre, que vous avez eu bien d'autres préoccupations — tout à fait légitimes, je m'empresse de le dire — depuis trente ans, que la langue constitue un obstacle autant pour beaucoup d'entre vous que pour la plupart d'entre nous. Néanmoins, vos librairies universitaires regorgent d'ouvrages sur l'économie ou la microbiologie rédigés en anglais, vos journalistes ont été assignés aussi bien à Ottawa ou à New York qu'à Paris, vos spécialistes des sciences humaines ont voyagé aux quatre coins du globe. Est-ce vraiment trop demander qu'à partir de maintenant quelques-uns d'entre vous commencent à nous faire l'honneur de prendre le Canada anglais au sérieux ?

Le problème, j'en suis convaincu, tient au fait que vous êtes devenus exagérément égocentriques. Et, dans un tel contexte, le nationalisme peut avoir des effets bien plus néfastes que positifs. Car s'il peut engendrer ce sens de l'identité et ces liens culturels si indispensables à la création intellectuelle — les années soixante l'ont abondamment prouvé au Québec —, il peut également, si on le pousse trop loin, empêcher une interaction pourtant nécessaire avec les membres de toute autre collectivité nationale. Les échanges intellectuels ne sont dès lors plus possibles, les démarches ou les explications non conformistes deviennent insaisissables du fait de leur antinomie, le discours adopte un ton solipsiste à l'extrême. Pourquoi risquer de bousculer les sacro-saints tabous en s'engageant dans un dialogue hors du cercle des élus ?

En un sens — vous me pardonnerez ce parallèle — une telle étroitesse d'esprit n'est pas sans rappeler celle que l'Église catholique romaine a affichée pendant de longs siècles à l'endroit des autres confessions. Que vous fussiez musulman, protestant, orthodoxe grec, juif ou, pis encore, libre penseur, tout dialogue était impossible entre la communauté des fidèles et les hérétiques. Affronter d'autres modes de pensée, d'autres convictions, avait inévitablement pour effet d'ébranler les certitudes qui constituaient les fondements de sa propre théologie. Le péché du relativisme conduisait tout droit à la damnation éternelle.

Heureusement, nous vivons maintenant à une époque dominée par l'œcuménisme, où la foi religieuse n'est plus incompatible avec l'esprit de tolérance envers ceux qui professent d'autres croyances. Aujourd'hui, un Galilée ne serait plus condamné pour hétérodoxie astronomique, ni l'œuvre d'un Voltaire ou d'un Diderot classée à l'*Index librorum prohibitorum*. L'Église elle-même est devenue plus tolérante et nos sociétés adoptent des valeurs de plus en plus profanes et pluralistes.

Nous n'avons assurément pas besoin de remplacer par leur version politique les orthodoxies religieuses d'hier. Nous savons ce que le marxisme-léninisme a coûté à la société soviétique à l'époque de Staline ou de Brejnev, ce que le nazisme a fait de la vie intellectuelle (et de la vie tout court) en Allemagne, ou encore, quoique dans une moindre mesure, ce que le maccarthysme a signifié pour les États-Unis, au début des années cinquante. De façon similaire, un discours nationaliste refermé sur lui-même, convaincu de détenir la vérité absolue, peut se révéler néfaste pour les intérêts de la société qu'il entend protéger.

Je ne veux pas exagérer. La société québécoise d'aujourd'hui, nous le savons tous, est loin d'être monolithique. Votre vie politique et sociale témoigne d'une réelle diversité et, dans le cas de questions comme l'avortement, l'homosexualité ou la pornographie, vous avez probablement fait preuve de plus de tolérance que le Canada anglais, dont la culture exhale encore des relents de puritanisme. Mais on observe, surtout lorsque le nationalisme est en cause, une tendance à adopter une « ligne de parti » qui impose une vision particulière de la « nation », à laquelle tout francophone digne de ce nom se doit d'adhérer. Elle suppose, par exemple, qu'il serait impossible de concilier l'usage du français au Québec et les droits linguistiques de la minorité, les droits « collectifs » et les droits « individuels ». Laisser entendre qu'on puisse harmoniser les uns et les autres, que le français puisse demeurer la langue dominante au Québec sans que l'anglais soit ramené pour autant au rang d'une langue de paria, c'est porter atteinte au consensus. Écouter ce qu'ont à dire les Canadiens anglais — à l'intérieur comme à l'extérieur du Québec —, c'est prêter l'oreille aux hérétiques.

Vous devez mettre fin à cette forme de pensée manichéenne, aux anathèmes prononcés contre tel ou tel mode de pensée. D'ailleurs, si vous vous ouvriez davantage au Canada anglais, votre vie politique et intellectuelle ne pourrait qu'en profiter. Vous découvririez ainsi — si ce n'est vous, du moins cette poignée de journalistes ou d'universitaires qui nous accordent un minimum d'attention — que, même sur la question du nationalisme, et surtout peut-être sur celle-là, les opinions peuvent grandement diverger. Durant les débats sur le libre-échange, par exemple, la plupart des économistes du Canada anglais, de même que plusieurs universitaires, considéraient le resserrement des liens commerciaux avec les États-Unis comme le salut suprême. Simultanément, d'autres, tout aussi nombreux, préconisaient tout à fait le contraire. Certains intellectuels canadiens favorisent le régionalisme et d'autres y préfèrent un État central fort. Nos artistes et nos écrivains, bien que nationalistes pour la plupart, comptent aussi dans leurs rangs des partisans de l'autre camp.

Nous avons tous des idées qui nous tiennent à cœur — et que serait la vie intellectuelle dans le cas contraire ?

Mais on devrait accepter que les questions importantes fassent l'objet d'opinions divergentes, on devrait refuser qu'il y ait des thèmes tabous et que toute discussion à leur sujet soit close avant même d'avoir commencé. Je ne vous demande ni de renoncer à vos convictions de longue date sur le nationalisme québécois ni sur la question de savoir quel serait le meilleur moyen de promouvoir la cause du français au Québec. Mais je vous demande d'admettre que, même dans ce cas, il peut y avoir des différences d'opinion on ne peut plus légitimes et que ceux qui adoptent un autre point de vue n'ont pas à être exclus du débat national. Au cours du printemps de 1980, vous avez dû vivre une campagne référendaire particulièrement déchirante. Est-ce que Solange Chaput-Rolland, Claude Ryan ou Pierre Trudeau étaient alors moins authentiquement québécois que René Lévesque ou Camille Laurin ?

Ce qui vaut pour l'un vaut aussi pour l'autre. Même si je suis très fortement opposé à l'Accord de libre-échange, je ne peux, en toute conscience, affirmer que ses partisans sont un peu moins canadiens, qu'ils ne sont que des agents au service d'une puissance étrangère. Les théories de ce genre, basées sur la conspiration, sont peut-être pratiques, mais elles éludent la réalité fondamentale des positions idéologiques et des intérêts conflictuels dans une société comme la nôtre. Je ne voudrais pas d'un nationalisme canadien-anglais intolérant, pas plus que vous ne voudriez, je pense, d'un nationalisme québécois qui le soit.

L'une des façons d'éviter l'intolérance consiste à tenir compte des intérêts de l'autre communauté. Je sais pertinemment — malgré mon irritation devant la façon dont la majorité d'entre vous a voté le 21 novembre — que ma vision du nationalisme canadien a toujours englobé un nationalisme canadien-français vigoureux et ayant du ressort. Je crois que le Canada anglais s'est, dans une certaine mesure, inspiré de votre nationalisme de la fin des années soixante et que nous avons été profondément marqués par le dualisme culturel du Canada. Bien qu'il soit possible d'imaginer un Canada anglophone sans le Québec, ce Canada afficherait très certainement un nationalisme moins ouvert que celui que nous connaissons actuellement.

Vous aussi, vous avez davantage à gagner de notre coexistence que vous n'avez voulu l'admettre. Je ne pense pas seulement aux gros sous — les marchés, l'ensemble des dépenses fédérales et tout le reste. Ni à la politique extérieure où, en ce qui concerne la *francophonie**, par exemple, la contribution du Canada peut avoir une plus grande portée que celle du Québec faisant cavalier seul (ce que Mitterand semble avoir mieux saisi que de Gaulle). Autrefois, votre conception de la nation était fondée sur la résistance à une éventuelle assimilation de notre part. Assez curieusement (ce que le Machiavel des *Discours* ou le Madison des *Federalist Papers* auraient peut-être compris), les tensions entre nos deux nations vous ont permis d'insuffler à votre identité une vitalité accrue. Néanmoins, si les tensions constituent une caractéristique permanente du fédéralisme — surtout lorsque deux nationalités ou plus sont en cause —, il n'en demeure pas moins qu'elles peuvent aussi être une source d'enrichissement mutuel. Est-ce que le Québec aurait adopté l'assurance-santé aussi rapidement si la Saskatchewan n'en avait pas d'abord fait l'essai ? Et aurait-il pu se laïciser du jour au lendemain s'il n'y avait pas eu, tout à côté, un modèle de société plus sécularisée ? La réforme de l'enseignement, au cours des années soixante, aurait-elle connu une telle vogue s'il n'était pas devenu évident que le Québec se trouvait à cet égard à des années-lumière du reste du pays ?

Dans le même ordre d'idées, je crois qu'aujourd'hui encore vous avez beaucoup à apprendre de nous. Nous ne sommes pas tous des rationalistes stéréotypés, froids, calculateurs : bien au contraire, ainsi que le débat sur le libre-échange l'a montré, bon nombre d'entre nous sont profondément attachés à des valeurs collectives, propres à séduire ceux qui, parmi vous, ont la nostalgie (ou souhaitent l'avènement) de valeurs moins dominées par les lois du marché. Nous possédons des traditions artistique et scientifique et sommes capables, dans nos échanges intellectuels, de concessions mutuelles qui, les unes et les autres, méritent davantage de votre part qu'un intérêt passager. Nous ne sommes pas un simple calque des Américains et, de ce point de vue, nous pouvons vous aider à résister à l'effet homogénéisateur de l'attraction qu'exerce cette grande puissance voisine — si, bien sûr, vous voulez réellement conserver votre identité.

L'objet de mon propos, *cher ami* *, c'est qu'il vous faut, en tant que société, reconsidérer votre attitude à notre égard. Les réflexes de défense et une mentalité d'assiégés face aux Canadiens anglais ne sont plus de mise. L'indifférence glaciale, truffée d'abondants accès d'égocentrisme, qui sous-tendait votre position au cours des débats sur les questions constitutionnelles ou, plus récemment, sur le libre-échange risque également de vous coûter cher. Les Canadiens anglais ne sont pas dénués d'*amour-propre* *, et le leur vaut bien le vôtre.

Cela vous fera énormément de bien de commencer à vous intéresser à cet autre Canada où *nous* vivons. Vous n'en deviendrez pas pour autant des Québécois de moindre allégeance et n'aurez pas non plus à substituer notre identité à la vôtre. Mais vous manifesteriez ainsi une plus grande ouverture, une plus grande sensibilité au fait que le fédéralisme fonctionne dans les deux sens et que le dualisme résulte de la coexistence de partenaires dont chacun sait plus ou moins en quoi l'autre est différent. Je ne vous demanderai strictement rien d'autre. Et il va sans dire que ce changement d'attitude commandera, en retour, que nous fassions preuve d'une ouverture raisonnable envers vos intérêts. Des questions aussi primordiales que celle de la définition de votre statut dans la Constitution canadienne ou celles des rapports qui existent entre les droits « collectifs » et les droits « individuels » au sein de votre propre société ne seront pas résolus pour autant. Mais nous pourrions, à tout le moins, contribuer au dénouement de l'impasse où nous nous trouvons actuellement.

10

Cette correspondance tire à sa fin et je ne peux m'empêcher de me demander si elle produira le moindre effet. Vous n'êtes pas habitué à écouter des interlocuteurs du Canada anglais, si bien disposés soient-ils, et — comment pourrais-je le nier — ces lettres ne sont pas toujours exemptes d'une certaine rancœur. Vous vous considérez comme une personne sans préjugés, *sans parti pris* *, alors que je donne à entendre que vous avez fait preuve d'une insigne étroitesse d'esprit sur plus d'une question où les Canadiens anglais avaient des intérêts à faire valoir — le bilinguisme et le biculturalisme, la Constitution, le libre-échange. « Tu parles d'un ami ! avez-vous probablement marmonné. Tout Canadien anglais, même de gauche, nourrit toujours en secret une vision fédéraliste non retouchée du Canada. C'est encore et toujours la théorie Trudeau-Chrétien, que l'on a recouverte d'une épaisse couche d'*angst* ou d'indignation pour en dissimuler l'origine. »

Cher ami *, vous pouvez bien penser de moi ce que vous voulez. Mes protestations resteraient de toute façon sans effet. Vous préférez peut-être faire la sourde oreille à ce que j'ai à dire, balayer mes arguments du revers de la main ou d'un haussement d'épaules ; qu'aurais-je dû espérer d'autre ? L'aveu contrit que vous avez peut-être mal interprété nos propos, que vous avez pris un peu trop de libertés avec nous, que vous avez tenté de promouvoir des intérêts légitimes au-delà des limites ? Il n'y aura pas de 4 août 1789 du fédéralisme canadien, pas de renonciation miraculeuse à des privilèges ni de réconciliation entre les provinces, pas d'entente à l'amiable sur qui est la victime et qui est l'agresseur dans notre tandem binational. Le plus que l'on peut attendre de ces lettres, c'est qu'elles vous aient convaincu qu'il existe un autre côté à la médaille.

Il y a encore bien d'autres sujets que j'aurais voulu aborder avant de vous dire un affectueux au revoir. Ils portent moins sur la nature de nos deux nationalismes ou de nos récents différends que sur des questions auxquelles nous devrons tous deux réfléchir longuement si nous ne voulons pas nous retrouver avec une vie politique atrophiée. Il n'y a pas trente-six façons de voir les choses : laisser la grande entreprise, anglophone *et* francophone, faire main basse sur le programme politique, supposer un seul instant que nous puissions céder impunément tous les pouvoirs à nos gouvernements élus et retourner à nos intérêts personnels, ce serait là abdiquer nos responsabilités de citoyens démocratiques.

La démocratie, si nous remontons un instant à la Grèce antique, était intimement liée à la notion d'égalité. Elle reposait sur l'égalité des droits découlant de la citoyenneté ou, si l'on préfère, sur l'égalité devant la loi. Elle reconnaissait également à tous les citoyens le droit de participer aux délibérations de l'assemblée souveraine, droit qui allait bien au-delà du rituel auquel nous nous livrons tous les trois ou quatre ans au moment des élections. Et quelques-uns, tout au moins, pourraient aussi avoir recours au principe de la répartition équitable des terres ou, si vous voulez, de l'égalité de la condition, principe qui, jusqu'à aujourd'hui, a provoqué les plus profonds clivages politiques et philosophiques entre la droite et la gauche. Tous ces aspects de la démocratie pourraient se révéler pertinents pour notre société. Car nous avons une notion relativement élémentaire de tout ce qu'englobe le concept de citoyenneté, infiniment moins exigeant que ne l'était celui de liberté chez les anciens. Nous avons, au Canada, hérité d'une conception rigidement burkéenne de la souveraineté, en vertu de laquelle nous devrions concéder les pleins pouvoirs à nos parlementaires et ministres élus. Qu'il s'agisse de la Constitution (1867, 1982, 1987) ou de toute autre question d'actualité, la population a rarement la possibilité de participer directement au processus décisionnel.

Il y a bien eu, ici et là, quelques rares exceptions qui ont permis l'expression d'une notion légèrement plus rousseauienne de la souveraineté. L'une de ses manifestations les plus importantes a été le populisme des Prairies qui, au cours des premières décennies de ce siècle, prônait des notions comme la révocation des parlementaires et la démocratie déléguée qui, l'une et l'autre, auraient rendu les corps législatifs et les gouvernements plus sensibles à la volonté directe de l'électorat. On peut également citer les référendums — autant le plébiscite sur la conscription qui s'est déroulé en 1942 que le référendum sur la souveraineté-association, beaucoup plus significatif, que vous avez tenu au Québec en 1980 pour décider de votre avenir constitutionnel. Au Québec, du moins, on semble avoir été très proche d'un consensus universel sur le fait que, dans le cas de questions aussi vitales pour l'ensemble de la population, seule l'expression directe de la volonté populaire — hors du cadre des élections législatives — soit véritablement déterminante.

J'aurais vivement souhaité qu'on procède de la même façon à propos du libre-échange, mais ce, non pas parce que le résultat aurait forcément été différent de celui du 21 novembre. L'opinion publique était partagée à peu près également sur la question et la balance aurait pu pencher aussi bien d'un côté que de l'autre. Mais un référendum aurait forcé l'électorat à se concentrer exclusivement sur l'Accord de libre-échange Canada-États-Unis, sans avoir à décider simultanément du parti politique qui s'installerait au pouvoir pour les quatre prochaines années. Un référendum aurait permis d'envisager la question avec tout le sérieux qu'elle méritait et mis en relief le fait que les Canadiens se trouvaient devant un choix historique, eu égard à leurs relations avec les États-Unis, et que la décision leur appartenait à eux seuls (tout comme les Norvégiens, les Danois et les Britanniques avaient eu à décider de leur appartenance à la Communauté européenne). De plus, le résultat d'un référendum est sans équivoque, puisque l'un ou l'autre camp doit obtenir 50 pour 100 plus 1 des suffrages exprimés. Il devient dans ce cas impossible d'en contester la légitimité, alors que les adversaires du libre-échange ont de bonnes raisons de remettre en question le mandat du gouvernement Mulroney.

Que devrons-nous faire si nous voulons vraiment instaurer davantage de démocratie directe dans ce pays ? Devrons-nous tenir des référendums sur toutes les questions litigieuses et, plus particulièrement, sur les amendements constitutionnels ? Devrons-nous confier à des groupes de citoyens ou à des mouvements d'intérêt public le mandat de soumettre de telles questions à la population et de mettre en marche le processus référendaire dès l'instant où elles susciteront un intérêt suffisant (que l'on évaluerait, par exemple, en recueillant à l'aide de pétitions un nombre déterminé de signatures) ?

Devrons-nous promouvoir des formes de démocratie plus élaborées au sein des organismes financés à même les fonds publics (services sociaux et de santé, institutions d'enseignement supérieur, sociétés d'État), dans les entreprises (peut-être en faisant élire des travailleurs aux conseils d'administration), parmi les militants de la base et à tous les niveaux de la société ?

De toute évidence, il y a là matière à des débats d'envergure. Il me semble que c'est un sujet que vous au Québec, tout autant que nous au Canada anglais, avez toutes les raisons d'approfondir, qu'il mettrait fin à cette arrogance avec laquelle les politiciens, une fois élus, s'approprient des pouvoirs que nous, les citoyens, ne tenons pas forcément à leur concéder. Est-ce que le modèle de Westminster hérité des Britanniques, lequel a tendance à accorder au parti vainqueur un nombre écrasant de sièges (alors qu'il ne détient habituellement qu'une majorité relative des voix) représente un système vraiment démocratique ? Même un gouvernement élu à la majorité des suffrages, comme cela arrive parfois, serait-il en droit d'estimer qu'il a ainsi *carte blanche* * et peut agir comme bon lui semble pendant son mandat ? En cette matière, nous avons beaucoup à apprendre des Grecs, de Rousseau, de Jefferson, de la Commune de Paris de 1871, de l'expérience suisse ou australienne, ou encore de celles de quelques États américains.

L'idée de démocratie soulève une autre question, celle de la place qu'occupe l'argent dans notre vie politique, pour ne pas dire dans notre société. Je ne veux pas soulever ici la simple question du contrôle des dépenses électorales qui tend à éviter qu'un parti fortement soutenu par la grande entreprise, par exemple, ne dispose d'une caisse trois ou quatre fois mieux garnie que celles de ses adversaires. Nous avons fait des progrès en ce sens, au cours des dernières décennies, en faisant plafonner ces dépenses au niveau fédéral et dans plusieurs des provinces. Remarquez que cela n'a pas mis fin aux abus, si l'on compare les sommes exorbitantes que les partisans du libre-échange ont consacrées sans la moindre vergogne à la publicité, lors de la dernière élection, et les fonds beaucoup moins importants donts disposaient aux mêmes fins les opposants à l'entente.

Mes préoccupations quant à l'influence corruptrice de la fortune vont cependant beaucoup plus loin que ça. Je suis convaincu que, tant et aussi longtemps que nous maintiendrons l'écart actuel (qui est de l'ordre de 10 contre 1 ou de 20 contre 1 entre ceux qui se trouvent au sommet de la pyramide des revenus et ceux qui sont tout en bas), nous continuerons de vivre dans un système où les dés sont *constamment* pipés. Je ne prêche pas en faveur d'une sorte d'égalité *absolue* au niveau de la condition sociale, qui entraînerait, entre autres choses, l'émergence d'un pouvoir politique si répressif qu'il serait incompatible avec toute forme de démocratie libérale. Je ne veux pas non plus rabaisser, dans une perspective strictement économique, l'importance des mesures incitatives et, partant, d'un certain degré d'inégalité dans nos sociétés. C'est précisément la leçon que certains des camarades de l'Est, qui essaient de s'écarter d'un modèle économique excessivement centralisé et planifié, sont en train d'apprendre.

Mais alors même que les régimes marxistes-léninistes commencent à se libéraliser et, nous l'espérons, à se démocratiser, nous, à l'Ouest, devons être attentifs à ne pas dissocier le principe d'égalité du projet démocratique. Comme le soutiennent des théoriciens du bien public, tel T.H. Marshall, au concept purement juridique de la citoyenneté en vigueur dans les sociétés occidentales du XVIIIᵉ siècle ont succédé celui de citoyenneté politique, qui permettait de prolonger le droit de vote, puis, à partir du XXe siècle, une interprétation davantage sociale, incarnée par l'État-providence. Nous nous trouvons actuellement à un carrefour, où les forces de droite, opposées à toute égalité, tentent d'inverser ce mouvement en dévalorisant le plus possible la composante sociale du concept de citoyenneté.

Je vous ai déjà dit que si je suis à ce point opposé au libre-échange, c'est parce que j'y vois une menace pour la société canadienne d'avoir à s'aligner davantage sur son homologue américain. Quoi qu'aient pu être les États-Unis en cette fin de siècle, ils n'ont sûrement pas été le lieu d'émergence d'une notion plus sociale de la citoyenneté, pas plus que d'une société ou d'un État-providence. L'égalité de la condition sociale n'a pas trouvé beaucoup d'appui parmi l'establishment politique américain, républicain ou démocrate. Je ne veux pas surestimer ce qui se passe à cet égard au Canada — même nos libéraux tendent à faire de « l'égalité des chances » la limite de leur credo. Néanmoins, sous l'effet des pressions (ou des opérations de séduction) du CCF ou du NPD, ils ont dû ajouter à quelques programmes des éléments favorisant un peu plus une certaine redistribution. Et comme société, nous privilégions tant au Canada anglais qu'au Québec des valeurs qui sont moins purement individualistes que celles des Américains.

Maintenant que nous devons vivre avec le libre-échange, il nous appartient de voir à ce que cette tendance communautaire ne s'érode pas davantage. Laisser les forces du marché prélever leur tribut reviendra à décimer les secteurs de la main-d'œuvre qui sont syndiqués et à exercer des pressions indues sur les gouvernements pour qu'ils réduisent des dépenses jugées excessives (excessives selon les normes américaines, cela va sans dire). La grande entreprise, de votre côté comme du nôtre, dirigera l'attaque. Les modifications apportées au système d'assurance-chômage en avril 1989, de même que les coupures dans les dépenses sociales prévues dans le budget Wilson déposé le même mois, sont particulièrement éloquentes à cet égard. C'est pourquoi, pas plus que nous, vous ne pouvez vous permettre de dormir sur vos lauriers, en considérant comme définitifs les acquis sociaux de la Révolution tranquille. Chaque génération est forcée de livrer une nouvelle bataille pour la justice sociale, selon des modalités qu'elle n'a pas toujours choisies. L'ennemi à abattre est ici le néoconservatisme, une philosophie qui privilégie les intérêts individuels et le renforcement des inégalités sociales comme moteur des changements socio- économiques.

Ainsi que je le soulignais dans l'une de mes lettres, nous ne nous heurtons plus à des forces purement intérieures. De larges pans de l'économie mondiale sont axés sur la consolidation et la restructuration du capitalisme, de même que sur des politiques globales soumises aux lois du marché. Nous en avons vu des exemples aux États-Unis et au Royaume-Uni ainsi que, de façon moins militante, en Europe continentale et au Japon. Des organisations internationales, comme le FMI, la Banque mondiale et l'Organisation de coopération et de développement économique, ont contribué à répandre au Canada comme ailleurs ce nouvel évangile.

Cela dit, je n'ai jamais cédé au défaitisme ou considéré que la seule riposte efficace à l'offensive des partisans du marché planétaire consistait à se retirer sous sa tente. C'est, *au contraire* *, justement lorsque le courant semble vouloir s'inverser qu'il faut préparer une contre-offensive, d'abord au plan intellectuel, puis dans les domaines politique et économique.

La cuirasse de cette nouvelle droite comporte de nombreux défauts dont on doit tirer parti. Le plus élémentaire, que nous négligeons trop facilement, c'est que sa conception de la nature humaine est profondément faussée du fait qu'elle en nie la dimension sociale et considère exclusivement les attributs individuels. Le fait que nous naissions dans une société, que nous soyons façonnés par elle, que nous grandissions dans une famille, que nous soyons unis à nos concitoyens par des liens politiques qui peuvent nous amener à sacrifier notre vie échappe complètement à ces Christophe Colomb du monétarisme et du *public choice.*

Sa deuxième grande erreur est de préconiser une sorte de réductionnisme économique qui, assez curieusement, semble calqué sur le déterminisme économique longtemps appliqué par une certaine orthodoxie marxiste. Les lois du marché trouvent un écho dans nos mesures politiques. Nos votes s'apparentent de très près à l'argent ou aux cartes de crédit que nous traînons dans nos portefeuilles et nous permettent d'acquérir des biens politiques au gré de nos caprices. Plus un parti politique (ou un gouvernement) arrive à satisfaire à notre besoin économique rationnel pour des biens à caractère public, plus son succès sera grand. Il est remarquable de voir à quel point ce genre de théorie attache peu d'importance aux formes de comportement qui sont dictées par autre chose que l'économie et néglige, par exemple, l'idéologie politique, l'ethnicité, la religion ou la *libido dominandi* de nos dirigeants. Elle ne fournit qu'une piètre explication des politiques appliquées par les principaux États du XXe siècle, à l'exception peut-être des États-Unis, et, à l'instar de toute théorie prophétique, elle est extraordinairement simpliste.

Sa troisième erreur est de sous-estimer l'efficacité des interventions étatiques. Parce que les dépenses sociales avaient augmenté en dépit du ralentissement de l'économie et, partant, de la crise budgétaire qui ont marqué les années soixante-dix, on en a conclu que ces dépenses constituaient en soi une entrave permanente à l'essor économique et qu'il fallait par conséquent y porter la hache. Il semblait alors de peu d'importance que cette mesure accroisse l'anomie des couches les moins favorisées de la société et impose des coupures dans des services aussi essentiels que l'éducation et la santé, dont les effets à court et à long terme sur la prospérité économique seraient inestimables. Puisque les mesures de contrôle nuisaient au profit, il suffisait de les assouplir dans certains domaines comme la protection de l'environnement, la sécurité aérienne, etc. Et comme le secteur privé était, par définition, supérieur à son pendant public, il fallait brader toutes les sociétés d'État même si cela, du même coup, devait annihiler les objectifs sociaux poursuivis par plusieurs d'entre elles (services assurés aux communautés éloignées, conditions de travail et salaires décents, structures tarifaires raisonnables, services offerts dans les deux langues officielles).

Loin de moi l'idée de vouloir soutenir que toute intervention de l'État est bonne en soi ; je pense que nous devons trouver des moyens de rendre le secteur public plus réceptif aux contributions de la collectivité et aussi de contrôler depuis la base. C'est exactement ce que la gauche, en Europe et en Amérique du Nord, ne cesse de préconiser en même temps qu'elle cherche à substituer aux traditionnelles panacées socio-démocrates des solutions économiques qui feront moins appel à l'intervention de l'État.

Cher ami*, je pourrais continuer ainsi encore longtemps, mais je me demande si je dois vraiment vous convaincre que ces questions sont de celles qui transcendent nos traditionnelles querelles linguistiques ou culturelles. La constellation des forces sociales qui, au Canada anglais, ont fait front commun contre le libre-échange — syndicats, mouvements féministes, écologistes, associations de fermiers, communauté culturelle — est à l'image des mouvements populaires qui, au Québec, dénoncent le règne absolu de vos chefs d'entreprises. Nous avons tout à gagner à entretenir des rapports fructueux et à nous serrer les coudes chaque fois que des questions d'envergure nationale et internationale sont en jeu.

Je ne veux pas terminer sur une note utopique. J'ai pleinement conscience de ce qui s'est dressé en travers de la collaboration entre la gauche (ou gauche libérale) du Canada anglais et celle du Québec, soit la question nationale. C'est là une réalité qu'on ne peut escamoter, comme en témoignent nos positions passablement différentes à propos du libre-échange et de la loi 178. Et en dépit de tous nos efforts pour nous montrer polis ou même cordiaux l'un envers l'autre, il persistera toujours des différences irréductibles entre votre perception du Canada (et de la place qu'y occupe le Québec) et la vision que nous, au Canada anglais, avons de ce pays.

Et pourtant, pouvons-nous vraiment nous offrir le luxe de discuter du passé au lieu de nous parler ? Imaginons qu'il y a un seul gagnant — la grande entreprise — et de nombreux perdants. Un seul type de calendrier économique — celui que nous avons vu s'élaborer aux États-Unis et en Grande-Bretagne. Un seul parti qui dispose de quelque pouvoir, au niveau national — solidement ancré à droite de l'échiquier politique. Une vision unique de la société — enracinée dans des valeurs qui seront complètement atomisées. Est-ce donc là, *cher ami* *, tout ce que nous verrons se profiler à l'horizon la prochaine fois que nous nous rencontrerons ? Ou bien vous, au Québec, vous joindrez-vous à nous dans l'élaboration de solutions plus humaines et plus attirantes en prévision de la prochaine décennie ?

Fini le zigonnage !
Réponse impertinente
d'un Québécois impoli

Daniel Latouche

Une chose au moins est claire : toi, tes amis les francophiles canadiens, les progressistes de Toronto, les néodémocrates de l'Ouest et les bien-pensants de Vancouver, bref tout ce que le Canada anglais compte de prétendus alliés du Québec, vous vous sentez trahis.

Et tu ne nous l'envoies pas dire !

Tu parles de trahison d'abord à propos de l'Accord du lac Meech et de sa clause de la « société distincte », mais aussi à propos de l'élection fédérale de 1988, qui portait sur le thème du libre-échange avec les États-Unis, et où, apparemment, nous, les Québécois, avons eu la mauvaise idée de voter conservateur. Te référant à la loi 178, qui restreint l'utilisation de l'anglais dans l'affichage extérieur et, de ce fait, vient annihiler tous vos efforts en faveur du bilinguisme, tu te plains, là encore, d'avoir été trahi.

Les Québécois vous ont laissé tomber. Sans façon et sans remords. Comment ont-ils pu oser !

Shame on us.

Tu es furieux devant notre manque évident de compréhension et de sympathie envers le Canada anglais. Vos efforts surhumains pour nous comprendre et nous rendre la vie agréable à l'intérieur du Canada n'auraient néanmoins suscité chez nous aucun intérêt pour le Canada anglais. Vous ne penseriez qu'à nous tandis que, de notre côté, nous ignorerions manifestement jusqu'à votre existence. Québec ! Québec ! Québec ! nous n'aurions que ce mot à la bouche. Encore un peu et tu nous accuserais de vous tomber sur les nerfs.

Vous nous tendez la main et vous apprenez le français, dis-tu. Et qu'offrons-nous en retour ? Ignorance, mépris, indifférence, paternalisme. Nous ne serions donc qu'une bande de pleurnichards, de revanchards, d'ingrats, de mal élevés, d'égoïstes, d'insolents et d'intransigeants.

Rien d'étonnant à ce que, après une telle analyse, tu te sentes indigné et victime de trahison. Si j'étais toi, je me séparerais du Québec et je nous enverrais paître. On n'a pas idée d'être aussi méchants avec des gens qui nous veulent tant de bien ! En trois mots comme en mille, c'est le ras-le-bol.

Mais qu'est-ce que tu attends de notre part ? Que nous plaidions coupables à toutes ces accusations et qu'ensuite nous reconnaissions nos péchés en promettant de ne plus jamais recommencer ? Si c'est ce que tu as en tête pour notre avenir, permets-moi quelques explications avant que tu ne prononces notre sentence. Je veux bien que nous montions au bûcher pour expier notre faute collective, mais laisse-nous tout au moins bénéficier de quelques indulgences.

D'abord, laisse-moi te dire qu'on vous aime, vous et vos montagnes Rocheuses, et qu'on affectionne aussi Toronto et son argent, Calgary et son Stampede. La preuve ? Nous avons appris l'anglais pour mieux vous comprendre !

RÉPONSE À UN AMI CANADIEN

De la gratitude comme mode de vie

Tes accusations sont sérieuses et je les ai examinées sérieusement, sauf peut-être à quelques occasions où, je dois l'avouer, il m'a été très difficile de le faire. Ton indignation m'apparaît parfois un peu exagérée. Elle me fait même sourire. Un tremblement de terre idéologique a dû se produire dans ton coin de pays pour te transformer ainsi en disciple repenti de Pierre Trudeau.

Et on viendra dire ensuite qu'il n'y a jamais rien de nouveau dans le paysage idéologique canadien ! Dans ton cas, il s'agit d'une véritable irruption volcanique. Pareil chemin de Damas ne peut résulter simplement de l'Accord du lac Meech, que l'on disait, il n'y a pas si longtemps encore, à l'image même du Canada, c'est-à-dire incolore, inodore et sans saveur. Tu ne vas quand même pas me dire que cet accord ridicule et vide de sens t'effraie à ce point. Allons, mon grand, ce n'est pas sérieux. Tout, mais pas le lac du pasteur Meech ! Il faut chercher ailleurs la raison de ton changement d'attitude. L'élection de 1988 peut-être ?

Il est vrai que, lors de cette élection fatidique, les Québécois ont appuyé majoritairement le Parti conservateur de Brian Mulroney. Mais tu dois admettre que nous n'avions guère le choix. As-tu déjà considéré quelle autre possibilité s'offrait alors à nous ? Comment peux-tu croire un instant que nous aurions pu voter pour le parti de Jean Chrétien ou pour le NPD ? Nous n'arrivons toujours pas, au Québec, à prendre au sérieux les libéraux fédéraux et nous savons parfaitement bien que leur retour au pouvoir aurait nécessairement entraîné une renégociation de l'Accord de libre-échange; au bout du compte, dans ce nouveau marché de dupes, c'est le Québec qui, une fois de plus, aurait été remis à sa place. Que nous ayons cassé ou que nous ayons recollé les pots, c'est toujours nous qui avons écopé. C'est d'ailleurs encore la même rengaine à propos du Lac Meech : son cadavre n'est pas encore enterré que déjà on laisse entendre que c'est notre intransigeance qui l'a tué. Je comprends que l'élection de novembre 1988, qui mettait en jeu l'Accord de libre-échange, c'était un peu votre référendum, à vous, Canadiens anglais. Je comprends aussi ton indignation devant notre vote massif en faveur de cet accord. Si je peux concevoir tout cela si aisément, c'est que cette situation ressemble en tout point à celle dans laquelle nous nous sommes retrouvés après le référendum de 1980. Rappelle-toi que, lorsqu'on leur en a donné la possibilité, les Québécois anglophones ont appuyé à 110% — et même un peu plus — le camp du Non.

Mais telle est la démocratie. Tu ne vas quand même pas me dire que le seul vote acceptable de notre part aurait été un vote anti-conservateur ! Pas après toutes les leçons que tu me sers sur les exigences de la vie démocratique !

Tu admets que le libre-échange est peut-être plus avantageux pour l'économie québécoise et que les coûts culturels de cet accord seront probablement plus faciles à supporter à Montréal qu'à Vancouver. La différence n'est pas très grande sans doute ; elle existe quand même. Dans ce cas, en vertu de quels principes aurions-nous dû nous opposer au libre-échange ? Aurions-nous dû être irrationnels pour le simple plaisir de voir triompher vos propres intérêts ? On vous aime bien, mais quand même... Tu vas certainement me répondre qu'il aurait aussi fallu tenir compte des avantages et des désavantages d'une telle entente pour les autres régions du Canada. Non, mais ! Je ne me souviens pas que les Albertains ou les Terreneuviens, au moment de voter dans une élection fédérale, aient, à quelque moment que ce soit, tenu compte des intérêts du Québec. Que tu aies simplement pensé que nous aurions dû ou pu le faire a quelque chose d'insultant car c'est nous prendre pour des imbéciles.

Tu redéfinis les règles du jeu et réaménages constamment les meubles de « notre » *condominium*. D'accord, c'est toi le propriétaire. Mais alors, comment peux-tu t'étonner ensuite que je sois mal à l'aise dans ce décor de carton-pâte ! Qui a donc proclamé que, dorénavant, pour être un « vrai » Canadien, il faudrait aussi s'opposer au libre-échange. Il n'y a pas si longtemps vous nous reprochiez d'être trop anti-américain ; maintenant, c'est le contraire. Il faudrait peut-être vous brancher.

Quant à la loi 178, c'est la loi la plus ridicule qui ait jamais été promulguée au Canada : elle fait du Québec un véritable Disneyland linguistique — le français sur la façade extérieure et l'anglais à l'intérieur, où cela compte ! — et elle détruit les quelques traces qui restaient de l'application de la Charte de la langue française. Je me refuse à croire que tu ignores ce fait. La loi 178 nous ramène vingt-cinq ans en arrière, et tu as le culot d'affirmer qu'elle va trop loin ! Tu en fais le test ultime pour vérifier notre sens démocratique, la ligne qu'il ne fallait point franchir au risque de tomber dans le nationalisme doctrinaire. Pourtant, tu n'ignores pas que Robert Bourassa n'a jamais rien fait pour empêcher cette transformation du Québec en un zoo linguistique. Rappelle-toi la loi 22... Ne te fais pas d'illusion à ce sujet : l'objectif de Bourassa a toujours été le bilinguisme. Si les Québécois, jeunes et vieux, séparatistes et fédéralistes, socialistes et féministes, ne s'étaient pas réveillés à la dernière minute, il aurait probablement atteint son but. Mais cela, tu choisis de le passer sous silence... Tu fais semblant de croire que la loi 178 renforce la loi 101 et n'a été imposée qu'à la suite de pressions des hordes nationalistes. Cher Canadien anglais, tu es déloyal. Pis encore : tu connais ta mauvaise foi et tu prends plaisir à me la jeter au visage, question de voir si je vais réagir ! Tu feins de croire, et l'affirmes, de surcroît, sur un ton convaincu, que nous sommes des êtres ontologiquement inquiets, que suffit à ébranler une petite affiche en anglais enfouie dans les tréfonds de Westmount. Je ne vois pas rouge, et je ne grimpe pas dans les rideaux non plus, parce que le garagiste du coin est incapable de m'adresser la parole en français. Cela m'importune, certes, mais ne crains rien ; j'arrive assez bien à contrôler mes « prédispositions » naturelles à une réaction antidémocratique et non respectueuse à l'égard du droit à la spécificité culturelle. Tes convictions sont à ce point irrationnelles que je désespère de pouvoir jamais les secouer.

Je peux cependant te rassurer : une affiche, deux affiches, mille quatre cent soixante-douze affiches ne m'inquiètent pas. Car là n'est pas la question. Celles-ci ne sont que des symboles dans le cadre plus vaste d'une lutte pour l'appropriation du territoire. La bataille va continuer tant que l'une ou l'autre des parties n'aura pas concédé la victoire. C'est une bataille où deux mémoires s'affrontent. Alors, de grâce ! épargne-moi ton indifférence : ne me dis pas que vous n'êtes plus capables de nous appuyer dans cette lutte pour la reprise en main de notre destinée collective. Jusqu'ici nous nous sommes très bien débrouillés sans les bonnes âmes canadiennes-anglaises et nous n'avons guère besoin de la sympathie de Toronto. Vous perdez votre temps à vous transformer ainsi en arbitres de nos bonnes mœurs nationalistes. C'est nous, et nous seuls, qui allons siffler la fin de la récréation.

Je n'ignore pas que bon nombre de ceux qui prétendent se faire les grands défenseurs de la langue et de la culture françaises n'agissent ainsi que pour masquer leur mépris de l'étranger. Mais ne me demande pas d'accepter gentiment qu'on me rappelle le fait que, après tout, nous sommes en Amérique du Nord et que le français n'est pas la langue de ce continent. Je l'ai déjà constaté moi-même. La seule chose que je déplore vraiment dans ce déséquilibre des forces linguistiques, c'est qu'il entraîne, chez certains de mes compatriotes, une obsession qui m'énerve au plus haut point — comme, du reste, tes marmonnages sur le nationalisme outrancier. Que nous soyons ou non « entourés » de 275 millions d'anglophones me laisse indifférent. Seul m'importe ce qui se passe à l'intérieur du Québec. Lorsque je vois une affiche en anglais, je n'y vois pas une atteinte à ma québécitude; je constate tout simplement que le commerçant préférerait probablement être *ailleurs* en Amérique. Il fait ainsi connaître publiquement sa conviction que la réalité nord-américaine, c'est d'abord et avant tout en anglais qu'elle s'affiche. Son choix n'a rien à voir avec ses origines et ses droits fondamentaux.

S'il te plaît — tu vois comme je sais demeurer poli —, cesse de me sermonner aussi sur l'humiliation, et sur la futilité de toute entreprise de réhabilitation nationale fondée sur des pratiques discriminatoires envers les minorités. L'humiliation, on ne connaît que ça. Après des siècles de pratique nous sommes devenus des experts en ce domaine. Ce n'est sûrement pas toi qui va nous apprendre ce qu'il en est. De toute évidence, notre vision d'une société française est entièrement différente de celle que vous pouvez avoir et j'ai bien peur que, sur ce sujet, la réconciliation soit impossible. Pour toi, c'est une société où les Canadiens français peuvent trouver du travail dans leur langue, acheter leur salade dans leur langue et regarder des émissions de télévision diffusées dans leur langue — une sorte de Chinatown qui fonctionnerait en français, quoi !

Remarque que les Américains ont à peu près la même perception du Québec. Je dirais même que c'est ainsi qu'ils perçoivent le Canada dans son ensemble, et plus particulièrement le Canada anglais. Leur vision de la société est, essentiellement, individualiste. Ils n'y voient qu'une façon de partager des biens matériels avec, en prime, quelques symboles patriotiques. Pendant longtemps mes compatriotes — et moi aussi, je dois l'avouer — ont présumé que cette vision était prédominante dans le reste du pays. Tu nous annonces aujourd'hui que ce n'est plus le cas. Tu m'en vois ravi. Les débats sur le libre-échange nous ont montré que pour un nombre croissant de Canadiens anglais la société canadienne est plus qu'une simple collection de symboles, depuis le gouverneur général jusqu'à la RCMP. Par contre, je ne comprends pas que vous n'arriviez pas à réaliser que votre vision du Québec est, en tout point, similaire à celle que vous reprochez maintenant aux Américains d'entretenir à votre égard.

Vous êtes très fiers des récents jugements de la Cour suprême du Canada contre la loi 101. Vous pavoisez, et vous ne manquez jamais une occasion de nous rappeler la nécessité d'une cour de justice située au-dessus des politiciens et des passions partisanes. Je n'en reviens pas ! Avez-vous au moins réfléchi à certaines des implications des jugements récents de ce tribunal ? Je viens de relire ses conclusions sur la loi 178. On croirait lire un jugement de la Cour suprême des États-Unis ! On y trouve de très belles pages sur l'importance des affiches commerciales comme symboles de la liberté d'expression et des libertés fondamentales. Voilà où vous en êtes rendus. Si j'étais toi, je m'inquiéterais. C'est le gouvernement du Québec qu'on devrait féliciter de s'être objecté aux petites manœuvres d'un tribunal, suprême ou pas, qui n'a pas hésité à signifier à l'un des gouvernements démocratiquement élus du Canada que s'il s'obstinait à utiliser une clause de la Constitution canadienne, la fameuse clause nonobstant, il risquait de devenir le paria de la fédération. Car c'est bien de cela qu'il est question dans ce jugement. À ma connaissance, jamais la Cour suprême n'a manifesté pareil mépris pour un gouvernement canadien. Du jamais vu ! Personne au Canada anglais ne s'est levé pour condamner l'attitude de ces juges. À l'avance, la Cour suprême enlevait toute légitimité politique à un recours à la clause dérogatoire ; c'est un véritable appel à la désobéissance civile que lançaient ainsi nos juges.

Je t'adresse une question : « Es-tu vraiment intéressé à vivre dans un pays dont la Constitution prévoit certaines clauses que personne n'ose invoquer toutefois, de peur qu'en souffre leur réputation de démocrate ? » Quelle aurait été ta réaction si la clause nonobstant avait été utilisée par le gouvernement fédéral pour contrer un jugement de la Cour suprême interdisant toute forme d'avortement ou encore l'utilisation de contraceptifs ? Aurais-tu crié au meurtre avec la même indignation ?

Ta colère est sélective, cher Canadien anglais. Tu choisis bien tes cibles.

Tu sembles penser qu'il faille protéger les Québécois contre eux-mêmes. C'est la vieille thèse des pulsions racistes et antidémocratiques qui sommeilleraient au fond de tout Québécois, surtout s'il a un penchant nationaliste. Le bon vieux refrain ! J'ai été très surpris, pour ne pas dire estomaqué, de te voir utiliser l'argument selon lequel il est nécessaire que le juge ait autorité sur le politicien. Que fais-tu donc de la souveraineté du peuple ? Comment peux-tu ensuite me sermonner sur l'importance des institutions politiques dans la définition de la nationalité canadienne-anglaise ? Le pire, c'est que tu sembles satisfait de voir les juges abuser ainsi de leur position privilégiée pour protéger tes intérêts, qui sont purement commerciaux. Et tu as ensuite le culot de me faire la morale sur les vertus, présumément communautaires et empreintes de solidarité, du Canada anglais ! Ne réalises-tu pas que de tels jugements pavent la voie à l'intégration judiciaire du Canada dans la tradition juridique américaine ? Comment peux-tu rester silencieux lorsque les dirigeants politiques du Canada anglais clament sur tous les toits que l'invocation d'une clause particulière de la Constitution n'est pas du ressort du premier ministre du Québec ? Ton sens de la démocratie ne tiendrait-il qu'à quelques affiches ? As-tu pensé qu'un jour ce sont les peuples autochtones qui pourraient à leur tour utiliser la clause nonobstant pour faire valoir leurs droits.

Il n'y a pas de doute : ton indignation aussi est très sélective.

Si je comprends bien, les Québécois demeureront « acceptables » pour le reste du pays aussi longtemps qu'ils respecteront les règles du jeu, qu'ils seront capables, après être allés en prolongation et avoir perdu, de serrer la main de leurs adversaires. Nous devrions avoir l'esprit sportif, dis-tu. Je t'entends nous rappeler qu'on pourra toujours se reprendre lors d'une prochaine confrontation. *Well, my friend,* tu risques d'être déçu, très déçu même.

Oui, je sais, tu es tout à fait d'accord pour que le paysage québécois ait une petite allure française. Quelques bistros, des toits inclinés, la joie de vivre et des boutiques *rive gauche.* Mais tu veux tout de même que ce paysage porte une signature canadienne. Après tout, comme tu nous le fais remarquer si diplomatiquement, cette terre est aussi la vôtre et il n'est pas question qu'on laisse les méchants garnements que nous sommes modifier la géographie du Dominion. Pour cela, il te faut des affiches en anglais à Shawinigan, Montréal ou Saint-Hippolyte. Question de te sentir chez toi.

Est-ce que j'exagère ? Bien sûr... Tu ne rêves plus du bon vieux temps où les meilleures bonniches étaient françaises et les meilleurs patrons, anglais. Il ne reviendra jamais, et je n'aurai pas l'audace de t'accuser d'en avoir la nostalgie. Après tout, le Canada anglais a dû, lui aussi, s'ajuster au XXe siècle. Tu as raison : notre indifférence à l'égard de votre changement d'attitude a de quoi étonner. Après tout, vous nous avez manifesté tant de bonté. Certains d'entre vous, et c'est ton cas, êtes même allés jusqu'à nous accorder le droit à l'autodétermination.

Oui, je devrais me mettre à genoux et demander pardon pour ne pas avoir reconnu que vous n'étiez pas comme les Blancs d'Afrique du Sud, les colons français d'Algérie ou les occupants chinois au Tibet. *How nice !* Les mots me manquent. *Bloody nice on your part, old chap !* Tu aurais dû m'avertir que ton échelle de comparaison incluait l'Afrique du Sud et la Chine. Si tu insistes, je vais donc le proclamer à la face du monde : il n'y a pas de commune mesure entre les Canadiens anglais et les Sud-Africains. Vous avez toujours été si généreux à notre endroit. C'est d'ailleurs pour cela qu'on vous aime. Un jour viendra où nous prendrons conscience de la chance que nous avons eue de côtoyer un groupe majoritaire comme le vôtre.

Tiens, pendant que nous y sommes, pourrais-tu me dire comment je devrais interpréter tes affirmations, inlassablement répétées, à l'effet que le Canada anglais aurait fait preuve d'une compréhension grandissante envers les demandes du Québec ? De quoi parles-tu au juste ? Veux-tu dire que nous aurions dû vous témoigner plus de gratitude chaque fois que nous avons réussi à avoir notre part du gâteau canadien, ou plutôt à ramasser les miettes que, dans votre bonté, vous vouliez bien nous laisser ? Mon cher, nous ne mangeons pas et ne mangerons jamais à la table qu'aura dressée votre générosité. Nous sommes des citoyens et des payeurs de taxes. Nous avons encore des passeports canadiens. Et rien de tout cela n'est le résultat de votre bienveillance à notre égard.

Lorsque j'ai lu dans l'une de tes lettres ce passage où tu dis que vous avez manifesté à notre endroit « une grande ouverture d'esprit en acceptant les résultats du référendum de 1980 », les bras m'en sont tombés ! Cela doit être une erreur. Veux-tu dire que nous devrions vous être reconnaissants du fait que *vous* avez accepté l'idée que *nous* puissions tenir un référendum ? On croit rêver. C'est le monde à l'envers ! Un conseil : ne te promène pas trop au Québec avec ce genre d'argument. Ce n'est pas ce qui va favoriser notre dialogue — et, franchement, je ne suis pas certain de pouvoir mener très loin un échange avec quelqu'un qui veut m'imposer sa propre forme de gratitude.

J'arrive mal à trouver les mots qui puissent exprimer ma colère tout en demeurant dans les limites de la politesse.

Je reviens à ta troisième lettre en espérant pouvoir y lire entre les lignes, y découvrir quelque chose qui m'en donnerait une impression différente. Je n'y trouve qu'un sentiment de supériorité morale qui me désarçonne. Est-ce là un des éléments de ce nationalisme canadien-anglais dont tu m'annonces l'émergence ? Quand je lis ce que certains Américains ont écrit sur le Canada anglais, je constate qu'eux aussi partagent cette impression. Vous vous enveloppez facilement dans la toge de la vertu. Tu m'adjures de ne pas choisir la solution de facilité qui consisterait à te traiter comme un vulgaire étranger, incapable de comprendre le Québec. Tu me demandes — une fois n'est pas coutume, dis-tu — d'entendre tes arguments et d'accepter le fait que je n'ai pas le monopole de la vérité.

Pincez-moi ! Tu as vraiment écrit ces mots ? Alors il est grand temps de mettre les choses au clair. Ce n'est pas à toi de me dicter les attitudes et les formes de communication qui me sont permises. Tu veux des règles ! Je vais t'en donner.

Premièrement, ne me sermonne jamais plus sur le dialogue et le savoir-vivre. Dis ce que tu as à dire et laisse-moi réagir. Rappelle-toi que pour ce qui est du nationalisme, tu en es encore, pour ta part, aux premiers balbutiements. N'aie pas la prétention de penser que tu occupes une position supérieure simplement parce qu'elle vient à peine de se concrétiser. Non, mais, franchement ! Quiconque me parle en ces termes n'est sûrement pas un ami. Et, maintenant que nous abordons le sujet, cesse donc ces appels à l'amitié. Cela me fait pleurer.

En deuxième lieu, si je veux considérer tes « recommandations » fraternelles comme les marmonnements d'un étranger, je le ferai, que tu m'en donnes la permission ou pas. D'ailleurs, nous nous en porterons beaucoup mieux. Nous, les Québécois, n'avons guère de difficultés à traiter avec les étrangers. Nous les prenons comme ils sont. C'est avec nos « amis », habituellement, que nous avons des problèmes.

Enfin, cesse de penser que je crois avoir aussi le monopole de la vertu. Lorsque je traite avec le Canada anglais, un minimum d'honnêteté intellectuelle et de bon sens me suffit.

Le dialogue n'est jamais facile, dis-tu. Ta rhétorique astucieuse le rend encore plus difficile, et je pourrais la considérer comme une insulte si ce n'était que nous l'avons, nous aussi, utilisée par le passé. Je t'avoue que je trouve un peu ironique que ce soit nous, maintenant, qu'on essaie d'atteindre par ces vieux procédés. Je dois dire que, pendant un moment, j'ai même été impressionné par tes tactiques, notamment lorsque tu nous enjoins de ne pas réagir *instinctivement* à tes accusations de trahison. Mais comment veux-tu donc que je réagisse ? Tu proclames que les Canadiens anglais ne nous détestent pas. J'en prends bonne note. Un peu plus loin, tu affirmes

— apothéose de votre bonté ! — que notre relation n'est pas une relation de conquérant à conquis. Ouf ! je respire ! Entre nous, si je me laisse gagner par l'émotion et l'irrationnel, comme sont enclines à le faire les minorités, vous êtes malvenus de qualifier ce genre de réaction de morbide. N'aie pas l'audace de m'enlever jusqu'à mon statut de minoritaire sous prétexte que mes arguments bousculent ton âme sensible. Je te rappelle qu'il n'y a pas de plus grande injustice que de traiter comme égaux ceux qui ne le sont pas. Le Canada anglais n'est pas le Québec. Un point, c'est tout ! C'est vous la majorité. Et si je veux te faire remarquer qu'il est offensant de t'entendre dire, d'une manière paternaliste, que l'existence du Québec permet de distinguer le Canada des États-Unis, je le ferai. Tu auras beau considérer ce type de réaction comme instinctif, cela ne m'empêchera pas d'appeler un chat un chat. *If it walks like a cat...*

Lorsque je lis et relis certaines de tes lettres — et, crois-moi, je l'ai fait plusieurs fois — j'ai l'impression d'y voir un plaidoyer en faveur de l'homme blanc qui a le lourd fardeau d'apporter la civilisation dans une contrée barbare — le Québec, en l'occurrence. On croirait entendre Rudyard Kipling. Tu proclames que l'assurance-maladie, Pétro-Canada, Air Canada, le Conseil des Arts et la politique énergétique nationale nous ont été *donnés* par la bonne grâce du gouvernement fédéral. Je te le concède. Ils ont été payés à même nos taxes et nos impôts. Je ne vois pas ce qu'il y a de génial et de généreux dans la mise en place d'un réseau de stations-service à la grandeur du pays. Mais, si cela peut te faire plaisir, je t'en remercie à genoux.

Passons à autre chose.

RÉPONSE À UN AMI CANADIEN

Ah ! les années soixante !

Toi, la gauche canadienne anglaise, le Congrès du travail du Canada, le NPD et *Canadian Forum*, vous vieillissez mal.

Tu ressembles de plus en plus à l'un de ces vieux militaires qui tentent de refaire leur passé à coups de rappels nostalgiques. Je ne suis pas un expert en histoire du Canada anglais, mais j'ai l'impression que vous êtes les laissés-pour-compte du Canada contemporain.

Je pourrais, moi aussi, m'épancher dans cette « lettre » sur la vision romantique des mineurs du Cap-Breton, des ranchs de Red Deer et des travailleurs forestiers d e Kamloops, mais je sais très bien que ce romantisme n'a rien à voir avec la réalité. Ton pays a changé, et peut-être n'apprécies-tu guère ce qu'il est devenu. Alors, s'il te plaît, ne dirige pas ta colère contre nous. Ne déplace pas le problème ; nous cherchons seulement une solution au nôtre. T'en prendre à nous ne servirait à rien : cela ne fera pas pour autant du Canada le pays mythique dont tu as toujours rêvé.

Tu soulignes, avec raison, que les choses ne seront plus jamais les mêmes entre nous. Jamais plus je ne me fierai au récit que tu fais de ce qui se passe dans le reste du pays. Par le passé, j'ai toujours présumé que tu ne me racontais pas d'histoire lorsque tu me décrivais le Canada, les Canadiens, les forces des uns, les faiblesses des autres. J'ai bien aimé découvrir avec toi comment les gens de la Nouvelle-Écosse ou de la Saskatchewan composaient avec les défis que leur proposait le XXe siècle. Il a toujours été passionnant de t'entendre m'expliquer les racines Tory du conservatisme canadien-anglais. Nous avions tellement de choses en commun — contrairement à ce que tu penses — qu'il a toujours été relativement facile pour moi de comprendre le Canada anglais. Votre rapport privilégié avec le territoire, avec la culture et le passé, voilà ce qui m'a toujours fasciné chez vous. Mais, à voir toutes les erreurs que tu commets dans ton appréciation du Québec, je me demande maintenant si tu ne m'as pas transmis de fausses idées sur le Canada et les Canadiens anglais.

On dirait qu'on t'a gardé prisonnier quelque part depuis la fin des merveilleuses années soixante. Entends-tu y rester jusqu'au prochain siècle ? Arrive en ville ! Nous aussi, nous avons des souvenirs glorieux. Ah ! les marches de protestation sur la rue Sainte-Catherine, les sit-in au restaurant Murray (bien que je n'aie jamais compris pourquoi nous voulions absolument aller manger dans ce trou), les attentes interminables devant le consulat américain, les rallyes au centre Paul-Sauvé, quelques bombes ici et là. Je l'ai bien connu, le temps des Gitanes, de Léo Ferré et des débats interminables quant à savoir si Mao avait raison et pourquoi Fidel avait tort. Nous parlions et tu écoutais. Ah ! ce que tu pouvais nous aimer alors! Tu nous aimais toujours lorsque nous parlions beaucoup. C'est lorsque nous nous sommes mis à agir que ton désappointement a paru inévitable.

Oui, je sais : notre vie commune est un *long fleuve tranquille* de déceptions, surtout pour toi. Nous vous avons d'abord déçus lorsque nous avons élu l'Union nationale en 1966, puis de nouveau en 1968, quand nous avons choisi Pierre Trudeau, et une troisième fois, par notre refus d'appuyer le NPD en 1972. Nouvelle déception en 1973 : le PQ n'avait pas remporté l'élection. Comment avons-nous pu oser vous priver de ce frisson ! Par contre, la victoire péquiste de 1976, où nous vous aurions, semble-t-il, caché notre option séparatiste, vous a causé, elle aussi, beaucoup de dépit. Nous vous aurions laissé tomber lors du référendum de 1980 tout simplement parce que nous avions perdu. En 1982, vous avez poussé de hauts cris parce que le gouvernement québécois, avec l'appui de la population, avait décidé de dire non à l'un des syndicalismes les plus corporatistes de la planète. Vous auriez voulu nous voir porter le flambeau de l'égalitarisme, alors que le Québec tout entier disait non à des centrales syndicales ivres de pouvoir. Et maintenant, suprême désillusion, nous n'aurions plus qu'une éthique capitaliste — celle de nos nouveaux entrepreneurs — à vous offrir. Le Québec n'est vraiment plus ce qu'il était. Il va falloir vous en inventer un autre. Même par nos échecs, nous avons réussi à vous décevoir. En ce sens, nous ne sommes qu'une pâle copie des Français — les vrais Français, les Français de France. Eux, ils s'y connaissent en termes de révolutions avortées. Mai 1968, quel bel échec ! Quant aux Québécois, ils n'ont même pas la décence de tirer leur révérence avec élégance. Nous persistons et nous signons, comme aurait dit Jacques Brel.

Espérons que, la prochaine fois, nous serons à la hauteur de vos attentes. Dès qu'on aura déclenché la révolution socialiste à Montréal, je promets de t'en informer, et nous irons, comme par le passé, prendre un pot sur la rue Saint-Denis. Mais peut-être te décevrai-je à nouveau ? Nous avons déjà assez flirté avec la « révolution » et l'étatisme bureaucratique pour avoir une bonne idée du goût — je devrais dire l'arrière-goût — qu'ils peuvent laisser. Alors nous avons choisi d'y aller lentement. Je te concède que, vu depuis Vancouver, tout cela peut avoir l'air d'un piétinement. Tu fais référence, dans une lettre, au *Déclin de l'empire américain*, qui symboliserait notre prétendue déchéance. Je l'ai revu récemment. Rarement un film aura-t-il vieilli si vite. En 1989, le film à voir, c'est *Jésus de Montréal*, lui aussi de Denys Arcand, une histoire de solidarité et de vérité. Les années se suivent et ne ressemblent pas.

J'en aurais beaucoup à dire sur le *Déclin de l'empire américain*. Mais cela nous entraînerait trop loin. Après tout, ce n'est qu'un film et il a laissé bien peu de traces dans notre imaginaire collectif. SVP, change de bobine...

Toi et les intellectuels canadiens-anglais faites donc maintenant dans le nationalisme ! Tenez-vous bien, ça va brasser ! Ayant vécu pendant des années au sein d'un clan de réactionnaires, de xénophobes et, occasionnellement, d'ethnocentriques, j'ai une petite idée de ce qui t'attend. Tu vas peut-être trouver la vie difficile dans le club, très peu sélect, du nationalisme, où j'ai l'honneur de t'accueillir. Et je soupçonne que, très bientôt, tu auras la nostalgie des « belles années ». Depuis vingt ans j'ai passé plus de temps à m'engueuler avec des gens qui insistaient pour qu'on les appelle des nationalistes et des indépendantistes qu'avec ceux qui avaient choisi l'option contraire. Maintenant, c'est à ton tour. Tu as choisi ce camp et j'espère sincèrement que tu pourras vivre en paix avec tes nouveaux amis. Certes, cette « alliance » inédite va me permettre quelques coups bas des plus faciles — ce sont toujours les meilleurs —, mais j'espère en même temps qu'elle va donner un nouvel élan à notre « conversation ». Cette fois, au moins, on saura à quelle enseigne vous vous logez. Je me fous passablement de tes alliés et je n'aurai pas l'indécence d'insister sur tes « amis » de Sault-Sainte-Marie... Peut-être y aurait-il une justice après tout ? À chaque fois que tu mentionneras le nom d'Adrien Arcand ou de Maurice Duplessis, je te ferai remarquer que, de ton côté, il y a aussi le maire Jones de Moncton, Bill Van Der Zalm de Colombie et quelques autres *Homo Neandertalensis* du même type. Je te signale aussi que dorénavant il te faudra assumer les propos de Jean Chrétien, comme lui-même a repris le flambeau de ton héros, Pierre Trudeau. *Good luck ! and welcome to the club !*

Après des années d'hésitations, les progressistes canadiens-anglais ont finalement réussi à se brancher. Plus question maintenant de prétendre vivre en marge de votre propre société. Cela devrait vous changer. Par le passé, vous aimiez vous définir comme des sociaux-démocrates, des marxistes, des syndicalistes, des féministes ou des défenseurs de l'environnement. Il vous est arrivé aussi de vous dire Canadiens, surtout lorsque vous teniez à vous différencier des Américains. Ce que vous recherchiez avant tout, c'était, en fait, les affiliations abstraites vous permettant de regarder le Canada anglais de haut et de loin. À partir de ces définitions désincarnées, vous espériez joindre vos forces à celles de votre contrepartie québécoise. Combien de fois n'avez-vous pas fait appel à nos penchants sociaux-démocrates, féministes ou autres, nous suppliant — vous êtes forts là-dessus — d'oublier notre identité québécoise. Votre stratégie était simple : en refusant de vous ranger sous la même bannière que les autres Canadiens anglais, vous espériez en retour nous convaincre plus facilement de nous retrouver tous sous le parapluie canadien. Cette stratégie n'a jamais rien donné et je déduis de tes propos enflammés sur le nationalisme canadien-anglais que tu redécouvres aujourd'hui les joies d'un ancrage « national. ». Finis les appels au dépassement et à l'universalisme.

Pendant des années, nous nous sommes servis les uns des autres. Pourquoi ne pas l'admettre ? Pour nous, vous étiez l'excuse parfaite et la brebis expiatoire par excellence — on a toujours besoin d'un plus « brebis » que soi. Et vous avez utilisé la même tactique. Pendant toutes ces années, vous avez accepté notre nationalisme et certaines de ses prétentions extravagantes, en vous disant qu'ils n'étaient tout au plus que les signes d'une adolescence attardée. Si les sentiments que tu exprimes aujourd'hui sont authentiques, et s'ils reflètent ce que tes compatriotes ont toujours pensé, je ne puis que tirer mon chapeau à tant de patience et de maîtrise de soi. Ce que vous avez dû en baver durant toutes ces années ! Vous vous consoliez probablement en pensant que notre nationalisme outrancier n'était qu'un préalable au socialisme, un rite de passage sur la voie d'une prise de conscience plus globale. Vous avez peut-être espéré que toute cette agitation québécoise pousserait les gouvernements fédéral et provinciaux dans une direction plus sociale-démocrate. Pourtant, en Saskatchewan par exemple, c'est vous qui avez balisé le chemin de notre Révolution tranquille, mais, pour un ensemble de raisons, vous vous êtes par la suite embourbés. Je me permets de vous signaler, à ce propos, que si vous aviez davantage fait confiance à vos gouvernements provinciaux respectifs, le Canada anglais serait rendu beaucoup plus loin aujourd'hui dans la voie de l'innovation institutionnelle et de l'autonomie culturelle. Ne tournons pas le fer dans la plaie...

La menace québécoise, vous l'avez savamment utilisée pour remettre en marche votre propre processus de changement. Cela nous flattait de savoir que nous étions les flambeaux du progrès « canadien ». Nous n'ignorions pas que notre pseudo-importance n'était qu'une vue de l'esprit; si nous n'avons rien dit, c'est que, au fond, elle nous réconfortait. Nous pouvions enfin être reconnus comme des progressistes sans avoir eu à faire valoir notre statut de séparatistes ou de nationalistes. Vous nous avez convaincus que derrière nos fleurdelisés, nos manifestations au centre Paul-Sauvé et nos sempiternelles lettres aux journaux pour protester contre l'unilinguisme d'Air Canada, il y avait quelque chose de plus grand et de plus noble que les simples jérémiades « nationaleuses ». Nous cherchions désespérément à ennoblir un nationalisme qu'on identifiait parfois aux symboles les plus douteux, et souvent même les plus extrêmes : Hitler, Idi Amin, etc.

Nous étions donc plus que consentants à accepter vos compliments, même s'ils suintaient le paternalisme. À l'époque, nous n'avions guère confiance en nous. Il aura fallu que nous obtenions votre propre assentiment pour nous convaincre nous-mêmes de la valeur de notre cause. À partir de maintenant, nous allons devoir compter avec votre retournement. Notre nationalisme n'a plus grâce à vos yeux. Ses excès outranciers — encore les affiches ! — et surtout son tournant économique et « entrepreneurial » l'ont complètement discrédité dans les cercles progressistes du Canada anglais. Tant pis ! Nous devrons nous passer de votre approbation. Cela sera difficile, mais nous y arriverons !

Notre nationalisme a été proclamé « mort à l'arrivée » à tant de reprises que nous sommes maintenant convaincus qu'il peut survivre à toute crise. Un bref flirt avec le néo-conservatisme n'a pas réussi davantage à l'ébranler de façon importante. Les maniaques du marché qui ont tenté d'imposer leur discours au gouvernement Bourassa, entre 1986 et 1989, ont dû subir le contrecoup de leurs aspirations salariales et de leurs plans grandioses pour réorganiser le Québec et se sont vus obligés de faire place nette. Je vais sûrement te surprendre mais je m'ennuie du Rapport Gobeil ! On a fait des gorges chaudes à l'époque — moi le premier — sur ce rapport qui suggérait de repenser toute l'architecture institutionnelle du gouvernement du Québec, mais un brassage de quelques vaches sacrées de la Révolution tranquille aurait peut-être eu un effet salutaire. Comme tu vois, il n'y a pas que toi qui remets certaines choses en question.

Depuis 1960, vous avez marché sur vos principes pour nous fournir des excuses. Maintenant, vous en avez marre. Nous aussi, d'ailleurs. Nous sommes ce que nous sommes. Merci beaucoup pour le portrait idéalisé. Nous avons cependant atteint le point où nous pouvons nous en passer. Je ne sais pas si nous sommes une société *distincte*, mais je sens que nous devenons une société normale. Il est temps que vous nous présentiez une image tout aussi réaliste du Canada anglais. Ne perdez pas vos énergies à déplacer sur les Québécois l'agressivité que vous exprimiez naguère par la voie de votre anti-américanisme primaire. Cela ne fera que vous distraire et ne vous mènera guère loin. Croyez-moi, nous n'en valons pas la peine.

Vous êtes finalement arrivés à la conclusion qu'on ne peut être ni socialiste ni féministe, pas plus que protecteur de l'environnement, dans l'abstrait. Ces causes n'ont une portée véritable que si elles ont ce que les sociologues appellent un « substrat sociétal » : on ne s'engage pas à les défendre pour le simple plaisir de s'identifier à l'une ou l'autre d'entre elles, mais pour changer le mode de fonctionnement d'une société spécifique. Ne vous en faites pas, vous allez être en bonne compagnie car ce qui se passe en Europe de l'Est et en Union soviétique vient confirmer que le changement et le progrès ne peuvent survenir que dans le cadre concret d'un État-nation. La Pologne, la Tchécoslovaquie, la Bulgarie, voilà autant de preuves de la force de la société civile.

La mode est à la globalisation et à l'internationalisation de tout et de rien. « Pensons de façon globale et agissons au niveau local » : n'est-ce pas là la nouvelle devise de tous ceux qui veulent changer le monde ? Voyez ce qu'on fait en Estonie et au Brésil. C'est ce qu'il vous faudra faire maintenant au Canada anglais. Je crois que vous y arriverez. Crois-moi, je prie pour que vous réussissiez. Il faut un point d'appui pour soulever le monde. Le Canada anglais m'apparaît à cet égard aussi solide que n'importe quelle autre société. Aussi et peut-être même plus que le Québec ! Espérons seulement que vous oublierez cette idée saugrenue d'utiliser celui-ci dans votre entreprise de reconstruction nationale.

Si je souhaite que vous réussissiez, c'est non seulement parce qu'il est toujours fascinant de voir une société se prendre en main, mais aussi parce que de votre succès naîtront bon nombre d'idées et de réalisations dont nous pourrons ensuite nous inspirer. Enfin ! lorsque nous regarderons Toronto, nous y verrons autre chose qu'un taux de chômage deux fois moins élevé que celui qui sévit à Montréal. Quel plaisir éprouverons-nous à entendre un autre discours que vos éternelles récriminations contre l'Accord du lac Meech. Dans plusieurs domaines, celui de la culture par exemple, le Québec se trouve actuellement au bout de son rouleau. La stratégie de mettre tous nos œufs dans le panier du ministre des Affaires culturelles a fait son temps et celle du mécénat privé est déjà en panne avant même qu'on ait pu s'y habituer. Il va falloir inventer autre chose. J'ai hâte de découvrir ce qu'un Canada anglais débarrassé de son carcan bilingue et biculturel va concevoir à cet effet. Je suis certain que votre vie culturelle va survivre et s'accommoder au libre-échange. Tu as raison de souligner que mes compatriotes exagèrent le degré de protection culturelle que leur confère leur spécificité linguistique. Après tout, les télé-romans québécois ne sont que des adaptations locales des *soap operas* américains. Au Québec, on en fait les joyaux de notre autonomie télévisuelle. Si tu me le demandes — tu ne le fais malheureusement pas, présumant que le sujet ne m'intéresse pas —, je t'avouerai qu'à la longue la culture canadienne-anglaise résistera sans doute plus facilement que ne le fera celle des francophones québécois à l'envahissement américain.

Je conviens que l'affirmation a de quoi surprendre. Le cliché ne veut-il pas que rien ne différencie un Américain d'un Canadien anglais ? C'est vrai que le combat pour votre propre culture et *votre* société distincte ne sera pas facile. Il ne l'est jamais. Mais cette similitude linguistique entre le Canada anglais et les États-Unis n'est pas qu'une menace. Elle est aussi la source de potentialités. Au moins, vous avez un marché à portée de la main.

Si, bien sûr, vous êtes vraiment sérieux à propos de cette redécouverte du nationalisme canadien-anglais... S'il fallait que ce soit à nouveau un feu de paille ou une autre façon de camoufler sous des allures « nationalistes » votre vieille manie centralisatrice ! Il nous faudrait alors tout réexaminer ; j'ose croire que vous éviteriez alors de nous faire des procès d'intention. Il faut espérer qu'un jour vous ayez autre chose à faire que de nous rappeler à l'ordre.

En attendant tu as peut-être raison de pointer du doigt les limites que nous impose notre nationalisme « autocentré ». On n'est jamais trop prudent avec ces choses-là. Au fait, pourrait-on le concevoir autrement ? Les pires nationalismes sont ceux qui prétendent à l'universel. Depuis trente ans, nous avons essayé de tirer le maximum du nôtre. On a pressé le citron et, contrairement à ce que proclame le discours dominant, qu'on retrouve entre autres dans le *Globe and Mail* et dans la revue *Commerce*, je n'accorde guère de crédibilité au prétendu virage économique de ce nationalisme. Je trouve amusant, mais sans plus, que nos entrepreneurs découvrent soudainement qu'un marché a besoin de frontières et d'un support national pour exister. Jusqu'à maintenant rien de transcendant n'a émergé de cette soi-disant garde montante. Ils viennent de découvrir que Bay Street n'allait pas leur faire de cadeaux et expliquent par cette prise de conscience leur virage nationaliste. *What a deal !*

Ça fait vingt ans que nous dialoguons sans succès avec cette bête informe que l'on nomme le *Canada coast to coast.* Heureux jour pour nous, donc, que celui qui verra arriver le Canada anglais à la table de négociation. Je vous y vois déjà, avec vos 20 millions d'habitants, votre sensibilité culturelle, votre mépris des Américains et votre multiculturalisme. J'ai hâte de vous entendre discourir sur les meilleures façons de « résister » aux Américains et de partager avec eux des valeurs et un mode de vie, tout en refusant obstinément de vous intégrer dans leur melting-pot politique. Ici, au Québec, nous avons quelque peu tendance à prendre pour acquis nos différences culturelles. Notre réveil risque d'être brutal.

Le Canada anglais m'intrigue. Comment a-t-il pu réussir à survivre à son autonégation ? Malheureusement, ma curiosité et un certain sentiment de solidarité s'émoussent instantanément lorsque tu insistes pour donner à cette société un cadre fédéraliste. Nous n'avons pas besoin du fédéralisme pour nous sentir canadiens. Quand donc vas-tu réaliser que la seule façon pour les Québécois et les Canadiens anglais d'avoir un dialogue constructif, c'est de ne pas insister pour lui donner une allure trop formelle ? Tu nous reproches, avec raison, de ne pas nous intéresser beaucoup au Canada anglais. Il serait peut-être temps pour toi de constater que tu poses parfois des conditions inacceptables, qui nuisent à l'émergence d'un tel intérêt. Tu exiges souvent le serment d'allégance et, avant même que nous ayons posé la première question, tu insistes pour que nous proclamions haut et fort (1) que nous sommes avant tout des Canadiens, (2) que notre statut de Québécois est subordonné à notre citoyenneté canadienne et que, (3) en dehors du fédéralisme, il n'y a point de salut. Nous sommes épuisés avant même d'avoir commencé. Ne sois donc pas surpris que, dans un tel contexte, la conversation meure si rapidement.

Si c'est dans tes quelques lettres que je dois trouver des indications sur la façon dont les Canadiens anglais et les Québécois devraient dorénavant converser, je dois dire que je n'y vois rien de très encourageant. Tant de clichés, tant de stéréotypes et de visions déformées sont loin de m'avoir convaincu de l'utilité d'un tel dialogue. Une chose cependant m'encourage : voilà enfin que l'un de vous ne refuse pas d'utiliser les mots « Nous, les Canadiens anglais ». Par le passé, lorsque les Québécois insistaient pour engager une discussion binationale, les Canadiens anglais réagissaient toujours comme s'ils en avaient eu une sainte horreur. « Mais, nous n'existons pas en tant que Canadiens anglais », aviez-vous pris l'habitude de répondre. S'ensuivait alors une longue description des différences profondes entre les habitants de la Saskatchewan et ceux du Manitoba ou encore ceux de l'Île-du-Prince-Édouard. Ce que nous avons pu l'entendre le refrain de vos différences régionales ! Cette fois, il semble que vous acceptiez le fait, bête et méchant, que vous constituez une nation et une société. J'en conclus donc que la conversation va certes être pénible, mais, au moins, elle aura lieu.

Au point où nous en sommes, c'est déjà cela de pris.

Vous nous avez trahis !

Tu nous accuses de jouer sur tous les tableaux à la fois : le bilinguisme au Canada et l'unilinguisme pour le Québec, l'Accord du lac Meech pour protéger notre « société distincte » et l'Accord de libre-échange pour ouvrir le Canada aux États-Unis. Tu nous reproches notre insistance à vous dire comment organiser le Canada et notre réaction d'horreur lorsque vous vous mêlez de nos affaires. À bien y penser, c'est là l'essentiel de tes accusations.

Permets-moi de te rappeler certains faits. Tout d'abord, as-tu oublié que l'Accord du lac Meech est, en fait, une initiative du gouvernement fédéral pour modifier la Constitution canadienne ? Ce compromis n'a pas été imposé au reste du pays ; il est le résultat de longues séances de négociation où le premier ministre du Québec n'était qu'un joueur parmi onze. As-tu oublié aussi que la loi 178 est, en réalité ; une réaction à une décision de la Cour suprême du Canada et que cette loi vise à corriger certains des excès de la Constitution canadienne de 1982 ? Notre réaction est donc très québécoise, mais les causes en sont très « canadiennes ». En d'autres mots, tu es très mal placé pour nous accuser de ne pas jouer le jeu canadien quand, de fait, nous nous épuisons à le faire.

Et que dire de l'Accord de libre-échange, que nous aurions imposé à l'ensemble du pays ! Je te rappelle que si ce « coup de force » a été possible, c'est parce que la grande majorité des provinces du Canada en tiraient, elles aussi, avantage. À te lire, on a l'impression que cet accord n'est qu'un autre complot québécois pour détruire la nation canadienne-anglaise. Quelle idée saugrenue ! Tu ne peux nous accuser d'être à la fois indifférent au Canada anglais et de chercher à vous détruire. Tu établis un lien entre le Lac Meech et le libre-échange ; or je suis loin d'être convaincu que mes compatriotes auraient pu chercher à ruser avec vous par cette stratégie. C'est le gouvernement central, celui dont tu aimes tant vanter les mérites, qui a mis cette entente à l'ordre du jour. Les craintes que tu exprimes à l'égard du libre-échange me semblent légitimes ; ce qui l'est moins, cependant, c'est cette idée que les Québécois auraient cherché à vous jouer un vilain tour. En fait, le libre-échange n'a été qu'une décision parmi d'autres. Quant à la loi 178, que tu honnis au plus haut point et que tu cites abondamment comme preuve de notre manque de solidarité canadienne, je te répète qu'elle est une conséquence directe de la Constitution de 1982 et de sa Charte des droits, copiée sur celle des États-Unis. Si ce n'avait été de cette Constitution, la loi 178 n'aurait jamais existé. Bref, vous l'avez voulue, vous l'avez eue.

Je me permets aussi, pas humblement du tout, de te faire remarquer que notre prétendue ignorance des règles du fairplay est un produit de ton imagination. Lorsque la loi 101 a été adoptée en 1978, elle était en tout point conforme à la pratique constitutionnelle canadienne de l'époque. C'est vous, au Canada anglais — le gouvernement fédéral en tête —, qui avez changé les règles du jeu en 1982 et rendu après coup inconstitutionnelles certaines de ses composantes. Lorsque les gouvernements d'Europe de l'Est tentaient ainsi de réécrire l'histoire, tu étais le premier à t'objecter ; tu es cependant demeuré mystérieusement silencieux lorsque les autorités canadiennes ont agi de la même façon. C'est nous, les Québécois, qui devrions vous reprocher votre manque d'esprit sportif ! Tu as même l'effronterie de ne pas mentionner — car tu ne l'ignores certainement pas — que la principale raison pour laquelle la Charte des droits et libertés a été adoptée en 1982, c'est qu'on voulait remettre à sa place le Québec, sur le plan linguistique. Ta mémoire te joue des tours. S'il y a une vengeance collective au Canada, elle ne vient pas de qui l'on pense !

Dans les années qui ont suivi l'adoption de la loi 101, les tribunaux ont invalidé plusieurs articles de la Charte de la langue française. À chaque fois nous avons accepté sans regimber ces nouvelles interprétations. Alors, tes sermons sur la démocratie et les droits des minorités, tu sais ce que tu peux en faire... Tu sembles aussi avoir oublié que les Québécois, sans attendre vos directives à ce propos, ont apporté eux-mêmes des amendements à cette loi. En 1985, nous avons élu un gouvernement libéral, celui de M. Bourassa, qui s'est alors empressé de redonner à la minorité anglaise quelques-uns de ses privilèges outranciers. Je ne suis pas d'accord avec cette décision, mais je l'accepte volontiers puisqu'il est le résultat d'un processus démocratique irréprochable. Personne au Québec ne songerait à reprocher aux anglophones d'ici de travailler à la restauration du bilinguisme. Comme tu peux le voir, la démocratie électorale fonctionne très bien au Québec, et nous sommes amplement capables d'élire par nous-mêmes des gouvernements irresponsables et sans envergure ! Cela fait des années qu'on nous reproche en outre d'accepter tous les aspects avantageux de notre statut de Canadien sans cependant faire la moindre concession sur le reste. C'est ce que vous appelez : *to have one's cake and eat it too.* Lorsque je t'ai vu adopter à ton tour cette ligne de pensée, je n'ai pu m'empêcher de dire : « Ah non ! pas lui aussi. » Quelle déception ! Je sais que cette interprétation a cours dans certains milieux canadiens-anglais, mais jamais je n'aurais cru voir un ami du Québec l'endosser. Je m'attendais à ce que tu critiques notre manque de savoir-faire stratégique. Tu aurais pu souligner, par exemple, qu'il n'est pas dans notre intérêt que le Canada anglais perde confiance en ses capacités et que nous ne devrions pas considérer avec indifférence le fait qu'on affiche, ici et là, à Saskatoon et à Halifax, des attitudes antiquébécoises. Tu choisis plutôt de t'offusquer du fait que nous cherchions à tirer avantage de notre situation au sein du système économique canadien.

Est-ce inscrit dans quelque code qu'il est interdit, au Québec seulement, d'utiliser des manœuvres partisanes pour faire entendre son point de vue ? Seuls les stratèges des autres provinces canadiennes, y compris l'Ontario, pourraient donc y avoir recours ? Je te concède que nous ne le faisons pas avec toute l'élégance d'Halifax ou de Regina ; mais, laisse-nous seulement encore quelques années, et tu verras comme on apprend vite. Vous êtes de si bons professeurs !

Il faut admettre que le Québec cherche à ménager la chèvre et le chou, comme le font, du reste, les autres provinces. Pourquoi se l'interdirait-il ? Nous insistons, et allons continuer de le faire aussi longtemps que cela sera nécessaire, pour recevoir notre juste part du gâteau fédéral. Évidemment, compte tenu du fait qu'il prend de plus en plus l'allure d'une peau de chagrin — il diminue à vue d'œil — et que le « père » a une bouche de plus à nourrir (une grande gueule à part ça), les choses risquent de se compliquer. Oui, je sais, nous n'avons jamais remporté la palme de la gratitude et de la solidarité. Peut-être aurions-nous dû vous dire merci, et même nous excuser, d'avoir utilisé des manœuvres bassement politiques pour obtenir le fameux contrat des CF-18. C'était un cas de patronnage pur et simple. Et de la pire espèce encore ! Si, à ce propos, quelqu'un a de bonnes raisons d'avoir honte, ce n'est pas tant le Québec que le Canada anglais. Comment expliquer que ce contrat, et des milliers d'autres, n'aient pas pris tout seuls le chemin du Québec ? Pourquoi les Québécois se voient-ils forcés de s'adonner à des pratiques politiques douteuses pour ne ramasser que quelques miettes ? Ce faisant, ne mettons-nous pas en danger nos propres pratiques démocratiques ? Et si la fréquentation des institutions politiques fédérales s'avérait dangereuse pour le bien-être de notre démocratie ? Je te préviens immédiatement : nous allons continuer à finasser aussi longtemps qu'il le faudra. C'est le système qui l'exige. Devrions-nous avoir honte de penser de la sorte ? Peut-être. De toute façon, comme on sait, la honte, cela nous connaît ; nous avons apprivoisé le malaise qu'engendre ce sentiment comme d'autres apprennent à parler à leur chat. Un peu plus, un peu moins, ne nous fera pas rougir davantage.

Et, outre que nous insistons pour avoir part au gâteau, nous affichons ouvertement notre colère à l'endroit de ceux qui nous forcent à de telles bassesses. Ce n'est sûrement pas le Canada anglais qui va nous expliquer les motifs et nous indiquer ce qui devrait être l'objet de notre ressentiment. Plus j'y pense, plus cette question des CF-18 a quelque chose de provocant. Le reste du Canada n'en a-t-il pas fait un argument de poids pour nous convaincre de voter non au référendum ? C'est vous qui avez présenté cette vision pour le moins « pâtissière » du pays. Ne venez donc pas vous plaindre aujourd'hui de ne pas aimer le goût du glaçage. Vous, les premiers, avez tenté de persuader les Québécois que le gâteau canadien avait bien meilleur goût. Que vous soyez scandalisés, aujourd'hui, parce que nous croyons que la cerise nous revient, a quelque chose d'incroyable !

Je me calme...

J'ai l'impression de me répéter. C'est cassant, à la fin ! Tous ces arguments sont connus, archiconnus. Pourquoi alors fais-tu semblant de les avoir oubliés ? Les Québécois ne sont pas seuls à les utiliser. Il faut écouter les Terreneuviens se plaindre de la déchéance économique qui les accable depuis leur entrée dans la Confédération ! À eux aussi tu sers les mêmes platitudes et les mêmes refrains usés jusqu'à la corde. Les Acadiens sont habitués depuis longtemps à ces insignifiances !

Le Canada est devenu un immense jeu de Monopoly — c'est vous qui l'avez voulu ainsi — où chaque groupe et chaque région espère passer GO le plus souvent possible pour pouvoir réclamer ses 200 dollars.

M. Lake et la bonne conscience canadienne

Qui est donc ce M. Lake qui te fait grimper dans les rideaux aussi facilement ? Tu n'aimes pas la clause de la « société distincte », tu n'aimes pas non plus le fait que les premiers ministres provinciaux aient leur mot à dire dans l'avenir en ce qui regarde la nomination des juges de la Cour suprême et des sénateurs. L'idée qu'une province puisse se retirer d'un programme fédéral te fait frémir. Tu perds le sommeil à l'idée que le Yukon ne puisse être admis dans le club canadien qu'avec l'accord de tous les autres joueurs. Et tu deviens vert juste à penser qu'un tel accord ait pu être négocié en secret par une douzaine de personnes.

Bref, tu n'aimes pas l'Accord du lac Meech. Moi non plus.

Alors, satisfait ? Pouvons-nous maintenant aborder un autre sujet ? Tu insistes pour qu'on en parle ?

La clause de la « société distincte », nous n'en avons rien à foutre ! Nous savons tous qu'elle ne sera d'aucune utilité lorsque viendra le temps, pour ses adversaires, d'interpréter contre nous les dispositions de la Constitution de 1982. Nous savons aussi que qu'elle va empoisonner à un tel point les relations entre nos deux communautés qu'il nous deviendra à peu près impossible d'y avoir recours.

M. Lake n'est pas notre nouveau héros. Au début, il nous laissait plutôt indifférents. S'il a gagné depuis en sympathie, c'est uniquement parce que vous n'avez eu de cesse de lui taper dessus.

C'est votre attitude qui nous force à prendre cet accord au sérieux. Personne au Québec, pas même M. Bourassa, n'est convaincu qu'un pacte pareil représente le nec plus ultra des ententes constitutionnelles. Il nous a été présenté et vendu comme un compromis — un compromis boiteux mais qui représentait la solution la moins « douloureuse », compte tenu de la position d'infériorité politique dans laquelle les Québécois s'étaient retrouvés après la défaite référendaire. Encore une fois, s'il y a une communauté au Canada qui est en droit de faire des reproches à une autre au sujet du Lac Meech, c'est bien le Québec. Vous, et vous seuls, avez rendu cet accord nécessaire. Vous seuls nous forcez à prendre l'allure de quêteux, à resserrer les rangs pour défendre une transaction honteuse sous prétexte que vous regrettez aujourd'hui d'avoir fait ces quelques concessions.

J'ose à peine imaginer ce qui va se produire si jamais l'Accord est rejeté. Je ne suis pas de ceux qui croient que le Québec va se séparer dans les vingt minutes qui vont suivre la non-ratification de l'entente. Nous avons déjà eu l'occasion de proclamer notre intérêt pour la souveraineté dans de bien meilleures conditions, et nous ne l'avons pas fait. J'arrive donc mal à croire que le Québec pourrait, sous prétexte que les Canadiens anglais auraient fait preuve à son égard d'un évident manque de bonne volonté, déclarer unilatéralement son indépendance. Rien de tout cela ne va se produire. Par contre, ce qui risque d'arriver, c'est que, pendant des années, nous entendions nos politiciens se lamenter : « Rendez-nous notre Lac Meech.» Alors, on va imaginer un deuxième Lac Meech pour résoudre les problèmes du premier. Et pourquoi pas un troisième et un quatrième ? Au Québec, nous avons l'habitude de nous rendre au bord d'un lac, que ce soit celui de l'Épaule ou celui de Meech, lorsqu'il nous faut ressasser nos réflexions face aux difficultés insurmontables que nous rencontrons. Nous sommes un pays de lacs et de rivières !

Ce n'est pas la séparation du Québec qui vous guette, mais le ridicule et une overdose d'insignifiance !

Je ne voudrais pas te déprimer encore plus, mais si jamais le Québec décide d'accéder à la souveraineté, ce ne sera pas parce que les « maudits anglais » (maudits par qui ? je me le demande) n'auront pas été gentils à notre égard, car ils ne soulèvent plus guère de passion au Québec. Nous connaissons leur rengaine et elle nous fait sourire — comme une comédie musicale de Broadway. On ne va quand même pas s'engager dans la voie de la souveraineté parce que deux provinces canadiennes auront dit non à l'idée que les gouvernements provinciaux puissent avoir leur mot à dire dans l'élaboration des politiques d'immigration !

Pour ce qui est du Lac Meech, puis-je vous demander une faveur ? Branchez-vous ! Des sondages indiquent que les trois quarts de la population canadienne-anglaise s'y opposent. Alors, s'il vous plaît, passez aux actes et cessez de nous faire croire qu'une entente parallèle est toujours possible.

Épargnez-nous aussi les longues analyses sur le bien-fondé, ou non, du statut de société distincte pour le Québec. Épargnez-nous le déshonneur d'arguments comme celui qui veut que le Lac Meech ait l'avantage de régler une fois pour toute la question du Québec. Il n'est jamais très agréable de se voir décrire de la sorte. Nous ne sommes pas une « question en attente de règlement ». Et cessez de vous cacher derrière les premiers ministres provinciaux les plus réactionnaires. Dites donc franchement et ouvertement ce que vous pensez !

As-tu songé un instant à l'image que de telles tergiversations pouvaient donner du Canada à l'étranger ? À Tokyo, à Francfort ou à Londres, ils doivent croire que nous sommes tombés sur la tête ! Il suffit d'un week-end pour que les dirigeants de l'URSS défassent ce qui avait exigé des années de labeur à Lénine et à Staline, et ici, vous n'arrivez même pas à vous entendre pour déterminer s'il faut placer la clause de la « société distincte » dans le préambule ou dans le corps principal de la Constitution canadienne ! Si vous tenez tellement à passer pour les derniers des imbéciles, faites-le à l'endroit de votre propre société plutôt qu'à l'intérieur de notre espace commun.

Vous êtes à ce point ridicules lorsqu'il est question du Lac Meech que j'ai bien peur que vous forciez bon nombre de Québécois à joindre les rangs de l'option souverainiste — sauf que ce sera peut-être pour les mauvaises raisons. On sait bien... ce n'est pas vous qui allez vivre avec ces nouveaux convertis.

Laissez nos Anglais tranquilles

Dans ta troisième lettre, tu invoques un argument intéressant : « Corrige-moi si j'ai tort, écris-tu, mais j'ai l'impression que les Québécois sont motivés avant tout par le désir de se venger des Anglais. » J'accepte ta suggestion et je vais, en effet, te corriger. Il y a belle lurette que la vengeance a cessé de faire partie de l'arsenal de nos motivations politiques. Surtout lorsqu'il s'agit des questions linguistiques. La loi 101 n'a aucun rapport avec l'absence d'affiches bilingues à Yellowknife. Se venger du Canada anglais ? Nous avons d'autres choses, plus intéressantes et plus importantes, à faire dans la vie. Se venger de deux siècles de mesquinerie ? Mais tu veux vraiment nous épuiser !

Tu as tort, tellement tort, que j'ai des doutes maintenant sur le moindre de tes raisonnements. Revenons donc aux faits. Tu nous demandes de reconnaître « tacitement » et implicitement la légitimité de la langue de la minorité anglaise. J'aimerais bien savoir comment Alliance-Québec et *nos* Anglais réagiront à ta suggestion. Ils veulent beaucoup plus qu'un geste symbolique. Nous savons exactement ce qu'ils attendent : la reconnaissance du fait qu'ils constituent une véritable communauté, qui a ses propres institutions, ses propres traditions, sa langue et sa culture. Voilà pourquoi nous ne sommes pas d'accord. Apparemment, vous, les Canadiens anglais, savez vous contenter d'une « reconnaissance tacite ». Vous êtes les experts mondiaux en la matière.

Mais les Québécois anglophones, eux, n'en ont que faire. On sait quelle « reconnaissance » transparaît au travers de vos propres rapports avec les minorités francophones ! Cela me surprendrait que Westmount rêve de devenir un autre Saint-Boniface... Je m'étonne de ton manque de compréhension envers les aspirations des Québécois anglophones. De toute évidence, tu arrives mal à comprendre ce qu'est une société. Cela augure mal pour le nationalisme canadien-anglais, sur lequel je fonde tant d'espoirs. Espérons que nous ne nous contenterons pas de quelques affiches écrites en « canadien » et de quelques mots d'encouragement de la part des Américains. À chaque année, au Québec, nous dépensons quelques centaines de millions de dollars pour assurer la permanence et accroître le dynamisme des institutions de la communauté anglophone. Il faut le faire ! C'est une somme bien supérieure à celle que l'ensemble des provinces anglophones jointes au gouvernement fédéral paie pour les minorités françaises. Nous y avons toujours consenti et nous allons continuer de le faire. Nous n'allons certainement pas calquer nos comportements sur vos attitudes mesquines. Nous sommes très fiers de la façon dont nous traitons McGill, le Montreal General Hospital, le théâtre Centaur et une bonne centaine d'institutions de la sorte. À bien y penser, le concept de « fierté » n'a pas ici sa place. C'est ainsi parce que c'est ainsi. Ni plus ni moins. C'est vous, avec votre obsession de comptabiliser le traitement des minorités, qui avez introduit chez nous cette manie de se dire « fiers » de ses minorités. La justice n'a rien à voir avec la comptabilité.

Tu sembles inquiet devant l'avenir de la minorité anglophone du Québec. Eux aussi. Ils ne représentent plus que 16 % de l'ensemble de la population québécoise. Mais laisse-moi te rassurer : Westmount n'est pas prête de disparaître. Peut-être as-tu l'impression que, par le passé, le Québec était divisé à peu près également en deux parties, l'une anglophone, l'autre francophone ? Si tel est le cas, tu as probablement raison d'être surpris et inquiet. Retourne alors à tes livres d'histoire et tu découvriras que les anglophones ont toujours constitué une minorité au Québec.

Cette communauté, que tu crois si menacée, est encore capable d'attirer et d'intégrer des nouveaux venus, y compris des Québécois francophones. Trois immigrants sur quatre au Québec continuent de joindre ses rangs. J'aimerais bien voir comment tu réagirais si, un jour, tu devais apprendre que la même proportion d'immigrants latino-américains s'assimile à la minorité asiatique de Vancouver. C'est pourtant ce qui se passe à Montréal. Depuis le passage de la loi 101, ce pourcentage, qui était de 95 % dans les années soixante, a quelque peu diminué. Mais nous sommes encore loin du compte. Le plus inquiétant, c'est qu'on ignore comment on va y arriver. Même la loi 101, cette loi maudite par tous les Canadiens anglais, n'a pas eu l'efficacité escomptée. Dans bien des cas, les nouveaux arrivants envoient leurs enfants à l'école française mais ils y apprennent notre langue de même que, à l'époque, nous apprenions le latin. Comme si ce n'était pour eux qu'un mauvais moment à passer.

Ne me parle pas non plus du prétendu exode des anglophones québécois. C'est vrai que beaucoup d'entre eux ont quitté le Québec dans les années soixante-dix et quatre-vingt. Mais ce phénomène n'avait rien d'inattendu. En effet, l'une des caractéristiques de cette communauté a toujours été sa très grande mobilité. Ces gens vont et viennent comme si tout le continent leur appartenait ; c'est d'ailleurs ce qui a fait leur force et assuré leur vitalité. Dans le passé, cet exode, exode volontaire s'il en est, avait toujours été compensé par autant d'arrivées. La loi 101 n'a donc pas créé l'exode ; elle a tout simplement convaincu bon nombre de nouveaux arrivants potentiels de demeurer à Toronto, New York et Vancouver. Encore là, ce sont des choses que tu sais, mais il semble que tu aies choisi de les passer sous silence. Pourquoi donc ?

Pourquoi aussi fais-tu en sorte de confondre le statut de la langue anglaise et celui de la minorité anglophone ? Même les plus féroces partisans d'Alliance-Québec n'ont jamais suggéré que la langue anglaise ait été menacée chez nous. Ils te riraient au nez s'ils t'entendaient exprimer de telles craintes. L'anglais se porte très bien au Québec. La complainte de cette association n'est pas reliée à la langue de Shakespeare, mais plutôt à l'érosion des privilèges et des institutions de cette communauté. Je crois, pour ma part, qu'ils ont tort, mais j'admets volontiers qu'il s'agisse d'une question de perception. Si les Québécois anglophones, particulièrement ceux d'origine anglo-saxonne, sont convaincus que la qualité de leur vie collective s'est affaiblie, ils sont mieux placés que moi pour le savoir. On avait pourtant l'habitude de les admirer pour leur réussite dans le monde des affaires, des arts, des sciences et des services communautaires. Aujourd'hui, ils sont devenus *irrelevant* pour l'ensemble du Canada et sont traités comme une minorité par les Québécois. Il ne faut pas un grand effort d'imagination pour comprendre que leur situation devienne progressivement intenable. Je soupçonne même qu'ils ne s'y habitueront jamais. Après tout, les Québécois ne se sont jamais faits à leur statut, eux non plus.

Plutôt que de dire que le Québec est à l'avant-garde dans son traitement des minorités, tu choisis de te lancer dans un diagnostic tortueux sur les dangers de notre nationalisme. Il aurait besoin, écris-tu, d'un encadrement plus sévère. Nous n'aurions pas toujours su résister à la tentation de s'en prendre aux plus faibles : encore cette vieille idée de notre penchant fasciste. Et tu as maintenant l'effronterie de nous dire que votre traitement de la minorité française de Vancouver dépendra dorénavant de notre propre traitement de Beaconsfield ! Choisis bien tes arguments. Avec ce genre de raisonnement, tu ne sers pas très bien ta propre cause.

Le débat sur le libre-échange

Je voudrais revenir sur la question du libre-échange car, en relisant ta première lettre, j'ai constaté que c'est ce qui avait tout déclenché. Curieux, ne trouves-tu pas, que ce soit une question de gros sous qui ait déclenché chez les Canadiens anglais dits « progressistes » une telle vague d'indignation ?

Ce serait exagéré d'affirmer que le débat sur le libre-échange a passionné les Québécois lors de la dernière campagne électorale fédérale. La plupart d'entre eux ignorent l'anxiété que ce débat a suscitée au Canada anglais ; pis encore, ceux qui ont pu mesurer la profondeur de cette anxiété ont, en général, manifesté fort peu de sympathie pour ceux qui la ressentaient. Cette ignorance crasse a cependant un avantage : si jamais les Québécois apprennent que les Canadiens anglais sont furieux à leur égard, du fait qu'ils ont voté pour le parti le plus favorable au libre-échange, ils se mettront à leur tour en colère. Au début de la campagne, la plupart des Québécois étaient persuadés que l'Accord était une initiative du gouvernement fédéral et qu'il avait l'appui des piliers de la communauté canadienne-anglaise. Jusqu'à la fin ils sont demeurés convaincus d'avoir effectivement voté « du bon bord », c'est-à-dire pour le parti et la cause qu'appuyaient la majorité des Canadiens.

Et voilà qu'au détour d'un débat télévisé on leur annonce que cette élection est cruciale pour la survie du Canada, de sa culture et de ses institutions. Tu avoueras que la transformation de John Turner en chevalier de l'autonomie culturelle canadienne a quelque chose de surréaliste ! Nous savions tous que son opposition au libre-échange tenait de la fumisterie et du calcul électoral. Et tu t'attendais à ce qu'on se laisse duper par cette machination ? Est-ce là ton idée du Canada ?

Les défenseurs canadiens-anglais de cette entente utilisaient, tous, les mêmes arguments : « Le libre-échange est bon pour le Canada », « Le libre-échange va nous amener la prospérité », « Sans libre-échange nous sommes condamnés au déclin économique ». Dans la publicité canadienne-anglaise, l'Accord était présenté comme le choix des vainqueurs. Pour les Québécois il a toujours été très important d'être du côté des vainqueurs. Évidemment, très peu d'électeurs de Drummondville ou de Gaspé expliquent ainsi leur choix en faveur du Parti conservateur. Ils préfèrent des explications trompeuses telles que ce supposé sentiment de confiance et d'ouverture à l'égard de l'étranger qui animerait maintenant les Québécois et qui les aurait pousser à appuyer cet accord De la bouillie pour les chats que toutes ces explications ! La majorité des Québécois ont voté pour cet accord parce qu'ils votaient d'abord et avant tout pour le Parti conservateur, qui se trouvait à avoir fait de cette question primordiale l'un des éléments de sa campagne. Ce n'est pas une coïncidence si le vote des Québécois correspondait à celui des forces économiques dominantes au sein du Canada anglais.

D'une certaine manière, cette explication, elle aussi, apparaît quelque peu tirée par les cheveux, compte tenu du faible impact que l'Accord a eu au Québec. C'est compréhensible : il n'y avait tout simplement pas de place pour les Québécois au sein de la coalition contre le libre-échange. À mesure que la campagne de cette dernière s'est développée, nous nous sommes tous sentis de plus en plus sensibles à celle du Parti conservateur. J'ai assisté à beaucoup de réunions, à Toronto et ailleurs, où des artistes et des syndicalistes canadiens-anglais tentaient de persuader leur auditoire que l'Accord de libre-échange signifiait la fin du gouvernement central, qu'il entraînerait une dégradation de la qualité de la culture canadienne et menacerait l'intégrité de nos grandes institutions canadiennes.

Tu comprendras que de tels arguments n'avaient guère de chance de m'émouvoir. Il aurait été agréable d'entendre un anti-libre-échangiste insister sur les dangers de cet accord pour l'originalité, le dynamisme et le caractère distinct de la société québécoise. Pas une seule fois n'ai-je entendu un Canadien anglais affirmer que le libre-échange mettait en danger le caractère bilingue et biculturel du pays. On se plaignait plutôt de la fragmentation de l'unité canadienne qui découlerait de la baisse d'influence du gouvernement central. Je n'ai jamais non plus entendu un seul intellectuel canadien-anglais suggérer que l'Accord rendrait impossibles des relations égalitaires entre le Québec et le Canada anglais.

Depuis des années, vous nous rappelez sans cesse que le Québec, dans sa spécificité même, constitue une des caractéristiques fondamentales de cette mosaïque que constitue le Canada. Pourtant personne n'a fait allusion au péril qu'il y avait, de ce point de vue, à approuver cette entente économique. Faut-il alors vous surprendre si les Québécois n'ont guère porté attention à vos arguments ? Vous avez, comme d'habitude, tout simplement oublié de leur adresser la parole.

Tu affirmes que, malgré cette élection, les Canadiens anglais n'ont pas de ressentiment à l'égard des Québécois. C'est aux Claude Charron et Jacques Parizeau que vous en voulez particulièrement. Apparemment, ces « nationalistes » auraient fait preuve à votre égard d'un cynisme éhonté. J'espère que tu ne tenteras pas de me faire croire que les « séparatistes » québécois ont appuyé l'Accord parce que celui-ci aurait pu miner l'autorité du gouvernement central. Encore une fois, une telle vision ne correspond pas à la réalité. Il y a belle lurette que Jacques Parizeau et Bernard Landry appuient le libre-échange avec les États-Unis. Dans le cas du premier, cet engagement a d'ailleurs précédé celui de son appui à la thèse souverainiste.

Toute cette question de l'appui québécois au libre-échange tient davantage du domaine de la mystification que de la mathématique électorale. Les chiffres, cher collègue, ne confirment pas ta démonstration voulant que le vote québécois aurait été déterminant. C'est en Ontario, et en Ontario seulement, que la bataille du libre-échange a été perdue. De plus, tu sais très bien que si le Québec avait voté contre ce projet, cela n'aurait en rien constitué un veto. Avec ou sans le Québec, l'Accord aurait passé.

Tu as tout à fait raison de souligner que ce dernier fait partie d'une offensive néo-conservatrice. C'est d'ailleurs l'argument que j'invoquais à propos des affiches commerciales au Québec. J'ignorais cependant que le libre-échange était à ce point contraire aux valeurs centrales du Canada anglais et qu'il allait à l'encontre de sa propre spécificité. J'en prends bonne note. Je dois même dire que tu m'en as convaincu. Comme je ne suis pas de ceux qui pensent que ce qui est mauvais pour le Canada anglais est automatiquement favorable au Québec, je suis inquiet des conséquences que l'Accord aura, directement ou indirectement, sur le Québec. S'il est mauvais pour le Canada anglais, j'ai bien peur que nous allons aussi payer notre part, et plus même, des pots cassés.

Par contre, je ne suis pas d'accord avec toi lorsque tu affirmes que nous avons appuyé le libre-échange uniquement par stratégie électorale. Ce qui nous a surtout motivés, c'est la référence à un modèle de société qui n'est ni supérieur au vôtre ni plus progressiste mais tout simplement différent. Ta préférence va au gouvernement mondial et à l'universel. Je ne partage pas ton opinion là-dessus, mais je respecte ton choix. Par contre, je m'objecte lorsque tu dis que la souveraineté nationale n'a plus aucune valeur en cette fin de XXᵉ siècle. Mais elle est, au contraire, plus importante que jamais ! D'ailleurs, tu n'es pas loin de penser la même chose, puisque tu affirmes que, en l'absence d'un gouvernement mondial, les frontières nationales offrent encore la meilleure garantie contre l'effritement des valeurs communautaires fondamentales. René Lévesque aurait applaudi à de tels propos. Jacques Parizeau le ferait sans doute aussi.

Tout comme les Canadiens anglais, nous voudrions vivre dans une société moins cruelle pour les plus faibles. Nous croyons cependant que l'Accord de libre-échange avec les États-Unis ne menace en rien cette visée et que, au contraire, en l'absence d'un tel accord, la mise en place d'une stratégie d'autosuffisance canadienne gérée par le gouvernement central représenterait un danger encore plus sérieux à l'endroit du modèle de développement que nous prônons. Ce qui menace le plus l'expérience social-démocrate québécoise, c'est Ottawa et non Washington. Peut-être ai-je tort ? Cela expliquerait mon hésitation sur le libre-échange. Je pense néanmoins que l'autre possibilité, celle d'une libéralisation plus grande de nos échanges internationaux, sous le parapluie du GATT, peut représenter une catastrophe pour le Québec, du moins tant et aussi longtemps que nous n'occuperons pas notre propre fauteuil — aussi humble soit-il — à la table des États-nations. Si j'arrivais seulement à te faire comprendre que lorsque nous discutons du libre-échange, nous le faisons à partir de considérations géopolitiques fort différentes...

Tu suggères que le rejet du libre-échange aurait constitué une prise de position de notre part pour un

Canada plus humain et plus progressiste. Je me demande où tu as bien pu prendre un tel argument. Tout le discours canadien-anglais contre l'Accord s'appuyait, en fait, sur la nécessité de renforcer le gouvernement central afin que ce dernier puisse, plus efficacement, protéger la culture et l'économie canadiennes. Évidemment, si notre beau Canada avait déjà fait l'objet d'une rénovation constitutionnelle et s'il avait existé entre nos deux communautés un minimum d'égalité politique, je suis certain que nous aurions pu souscrire à cet objectif. Mais un tel pays est purement hypothétique ; il n'existe même pas sur papier. Le Canada dont tu appréhendes la disparition, c'est précisément celui au sein duquel nous nous sentons si mal à l'aise... Comment vous surprendre alors que nous hésitions à verser des larmes de crocodile à l'annonce de cette dissolution !

Notre ignorance/Votre indignation

Tu te plains de l'ignorance, de l'intolérance et même du mépris que nous manifestons lorsque vient le temps de discuter du Canada anglais. Tu as bien raison. J'ajouterais même que, depuis le début des discussions sur le Lac Meech, notre mésestime n'a fait que croître. Je n'en suis pas fier, crois-moi.

C'est lorsque tes lettres abordent la question du nationalisme canadien-anglais qu'elles deviennent particulièrement intéressantes. On devrait en imposer la lecture à tous les Québécois. Je voudrais, au passage, apporter quelques explications — ce ne sont pas des excuses — à cette ignorance proverbiale. Pendant des années les Canadiens anglais ont insisté pour nous convaincre qu'ils n'existaient pas. Je comprends très bien les raisons politiques qui sous-tendent cette négation. En retour, tu dois cependant comprendre que vous n'avez pas raison de vous plaindre aujourd'hui du peu d'intérêt que nous vous témoignons. Pendant des années nous avons tout fait pour vous faire prendre conscience de votre propre existence. Peut-être avons-nous trop insisté ? C'est sans doute cela qui explique vos résistances. L'existence reconnue et institutionnalisée d'un Canada anglais aurait, bien sûr, fait notre affaire. Aussi longtemps que vous avez résisté farouchement à nos tentatives pour vous donner des actes de baptême, vous avez retardé le jour fatidique où il vous faudrait négocier l'égalité politique avec le Québec. C'est la tâche qu'avait entreprise André Laurendeau, pour qui tu as tant d'admiration. Comme tous les autres, il a échoué dans sa tentative d'amener le Canada anglais à la table de négociation. Rares sont les intellectuels québécois qui ont déployé des efforts aussi grands pour comprendre ce qui animait le Canada anglais. Regarde maintenant ce qu'il reste de son projet d'égalité politique. Rien.

À l'occasion, votre démonstration était fort habile. Ainsi vous avez bien aimé nous rappeler que, sans le Québec, rien n'aurait permis de distinguer le Canada anglais des États-Unis. Quelle douce musique à nos oreilles ! Nous étions affamés de reconnaissance et de compliments, et voilà que vous nous en prodiguiez en abondance — sans commune mesure avec ce que nous méritions. La flatterie vous a bien servis. Combien de fois ne nous avez-vous pas rappelé que les Québécois avaient une âme, des symboles collectifs, une histoire à partager, des héros — Maurice Richard et d'Iberville. En comparaison, vous n'étiez qu'un amalgame incolore, inodore et sans saveur. Et nous vous avons crus. Il est toujours agréable de se faire rappeler que vous apportez un peu de couleur et de saveur à un mélange insipide ! Nous n'étions que trop consentants à faire ressortir votre propre spécificité. Vous vouliez un Disneyland ethnique ? Eh bien ! nous allions vous en apporter la recette. Vous vouliez être capables de rappeler aux Américains que vous étiez une société distincte ? Nous allions vous fournir l'argument susceptible de les en convaincre.

Comment pouvez-vous ensuite avoir l'audace de nous rappeler que le Canada anglais est tout aussi distinct et spécifique que le Québec ! Vous insistez même pour nous mettre sous le nez le fait que, même sans nous, votre sentiment d'appartenance nationale, votre système de valeurs, votre histoire et votre avenir feraient de vous une collectivité nationale. Vous voudriez pouvoir bénéficier des avantages — ils sont si peu nombreux pourtant — qu'offre le statut de minorité. Non, non, non ! La « minorité officielle », c'est nous ! Ça fait deux siècles qu'on nous attribue ce rôle. Les Britanniques et, avant eux, les Français, ont toujours reconnu que nous en avions l'exclusivité. Nous l'avons perfectionné à un point tel qu'il nous colle maintenant à la peau comme une vieille combinaison. Et voilà que vous arrivez, comme autant de chiens dans un jeu de quilles, en proclamant vos droits de minorité-distincte-qu'il-faut-protéger-à-tout-prix ! « Tes affaires, pis dans ta cour », serais-je tenté de répondre.

Cela dit, il n'est pas excusable que les Québécois manifestent tant d'indifférence envers le Canada anglais. Contrairement à ce que tu peux penser, cette attitude n'est pas tributaire d'un nationalisme étroit refermé sur lui-même. C'est ce que les prétendues forces progressistes du Canada anglais voudraient faire croire, comme ont tenté déjà de le faire Pierre Trudeau et ses amis. Je ne nierai pas que le nationalisme québécois ait sa part d'esprit de clocher. Comme bien d'autres, je ne suis pas très à l'aise avec certains signes extérieurs de ce nationalisme : le fleurdelisé à la boutonnière, « Mon pays ce n'est pas un pays... », et la tourtière. Peut-être avons-nous besoin de ces symboles ? Peut-être chaque société possède-t-elle, enfouie quelque part dans un repli de l'inconscient collectif, cette conviction qu'elle est intrinsèquement supérieure à la voisine ? Peut-être. Il ne faut cependant pas me demander d'ajouter quoi que ce soit à cette tradition.

Si encore c'était là la question ! Pour la grande majorité des Québécois, le nationalisme a été une force progressiste, le déclencheur qui leur a ouvert les yeux sur le reste du monde, l'élément motivateur qui leur a appris à ne pas craindre de se comparer à d'autres, même si, dans bien des cas, cette comparaison n'avait aucun fondement réel. Ils n'ont jamais rien eu à voir avec les Cubains, les Algériens ou les Suédois. On ne peut cependant pas les accuser de s'être continuellement regardé le nombril. Malgré votre propre indifférence à votre existence collective, les Québécois auraient dû jeter un coup d'œil de votre côté. Ils ne l'ont pas fait, et c'est tant pis pour eux. À l'occasion, on mentionne Toronto et Vancouver dans nos journaux, bref regard qui tient d'ailleurs davantage de l'analyse économique et du dépliant touristique. Pendant quelques années pourtant, certaines de nos élites n'en avaient que pour Toronto. Tout était plus grand, plus beau et plus gros dans la ville reine. On n'entend plus guère ce genre de comparaison...

Viendra peut-être un jour où une université québécoise offrira un cours sur la société canadienne-anglaise ou un séminaire sur le développement de l'économie des Prairies. Cependant, j'ai bien peur ici que demain ne soit pas la veille. Pendant des années certains d'entre nous avons vainement tenté de faire carrière en apportant au milieu universitaire notre connaissance du Canada anglais, ce qui ne nous a pas menés très loin. Vingt ans plus tard nous en sommes encore à répondre à vos questions et à répliquer à vos mises en garde.

Le temps est venu de conclure cette brève « réponse ». Si je regarde autour de moi et que j'analyse les forces profondes qui poussent le Québec à la fois vers une plus grande souveraineté et une relation d'interdépendance plus solide avec les autres nations du globe, je sens une grande confiance m'envahir. Il y a là quelque chose de très profond, que les aléas de la politique électoraliste, que vos états d'âme sur le Lac Meech, que nos hésitations proverbiales ne pourront détourner. Mais lorsque je relis les derniers paragraphes de ta dixième lettre, ce sentiment, tout à coup, fait place à la tristesse. Pour toi et pour la majorité des Canadiens anglais, nous n'existons qu'en tant que « partie » du Canada. Lorsque tu fais allusion à la place qu'occupe le Québec, tu penses nécessairement à sa « place-à-l'intérieur-de... ». Nous avons toujours été, nous sommes et j'ai bien peur que nous serons toujours un *instrument* pour le reste du pays. Il y a quelques siècles, nous avons servi à repousser les révolutionnaires américains. Il n'y a pas si longtemps encore, nous servions essentiellement à vous distinguer des États-Unis. Cette fois, tu voudrais nous voir « contribuer » à la mise en place au Canada d'une société moins capitaliste, plus communautaire et plus solidaire, valeurs qui, comme tu le dis si bien, sont à la base même du nationalisme canadien. Quelle tristesse de constater que tu nous refuses le même privilège ! Ce que tu voudrais, c'est nous voir « joindre nos efforts aux vôtres ».

Si nous n'avons pas réussi à vous convaincre, comme le montrent les arguments éculés que les plus progressistes d'entre vous continuent à nous servir, c'est que notre discours n'est pas clair. Comment allons-nous faire pour convaincre les Américains de nous traiter comme partie prenante à l'intérieur de l'Amérique du Nord ? Il va falloir revoir notre texte. À ce titre, notre « dialogue » aura été fort instructif.

En lisant tes lettres, j'espérais qu'à la fin tu lancerais un appel à la coexistence pacifique, qui pourrait être si enrichissante pour nos deux nationalismes. Mais non, tu te contentes de m'avertir que, dorénavant, le nationalisme canadien-anglais prendra toute la place qui lui revient. Tu choisis de terminer par un « qu'on-se-le-tienne-pour-dit » non équivoque.

Quand donc verras-tu que nous ne pouvons marcher dans la même direction que si nos chemins sont parallèles et distincts l'un de l'autre ?

Moi aussi, j'espère pouvoir reprendre cette conversation sous des jours meilleurs. Je ne vois cependant pas venir le beau temps du même horizon.

Mes amitiés aux montagnes Rocheuses !

Daniel Latouche

ANNEXE
LES PRINCIPAUX ÉVÉNEMENTS SURVENUS AU QUÉBEC DEPUIS 1960

1962   Élection du gouvernement Lesage : début de la Révolution tranquille.

1962   Manifestations étudiantes contre Donald Gordon, président du Canadien National ; nationalisation de l'électricité.

1963   Premières bombes du FLQ ; création de la Commission royale d'enquête sur le bilinguisme et le biculturalisme.

1964   Visite de la Reine à Québec ; violents affrontements entre la police et les manifestants.

1965   Échec de la formule Fulton-Favreau sur l'amendement de la Constitution.

1966   Retour au pouvoir de l'Union nationale.

1967	Centenaire de la Confédération canadienne ; de Gaulle lance « Vive le Québec libre ! » du haut du balcon de l'hôtel de ville de Montréal.
1968-1969	Pierre Trudeau devient chef du Parti libéral fédéral et premier ministre du Canada ; création du Parti québécois, dirigé par René Lévesque ; affrontements d'ordre linguistique à Saint-Léonard, en banlieue de Montréal ; manifestation « McGill français ».
1970	Élection du gouvernement libéral de Robert Bourassa ; Crise d'octobre, enlèvements de James Cross et de Pierre Laporte, adoption de la Loi sur les mesures de guerre.
1971-1972	Grève de *La Presse* ; grève du Front commun.
1974-1976	Adoption par le gouvernement Bourassa de la loi 22, imposant l'administration de tests aux enfants désireux de fréquenter les écoles anglophones.
1976	Arrivée au pouvoir du Parti québécois, dirigé par René Lévesque.
1977	Adoption de la loi 101 ou Charte de la langue française, qui consacre la primauté du français au Québec et interdit aux nouveaux immigrants l'accès aux écoles anglophones.
1980	Référendum québécois sur la souveraineté-association : 40 pour 100 votent Oui, 60 pour 100 votent Non.
1980-1981	Les négociations constitutionnelles aboutissent à l'entente de novembre 1981, qui prévoit le rapatriement de la Constitution

canadienne et l'adoption de la Charte des droits et libertés ; le gouvernement du Québec est le seul à refuser l'entente.

1982-1983   Réduction des salaires dans le secteur public.

1985   Défaite du Parti québécois ; retour au pouvoir de Robert Bourassa et des libéraux.

1987   Accord constitutionnel du Lac Meech, reconnaissant au Québec le statut de société distincte et augmentant les pouvoirs de toutes les provinces aux dépens d'Ottawa ; l'Accord devra être ratifié par le Parlement et par chacune des dix provinces avant juin 1990.

1988   Lors de l'élection « sur le libre-échange », les conservateurs de Brian Mulroney remportent 63 des 75 sièges ; le 15 décembre, la Cour suprême déclare que les dispositions de la loi 101 interdisant l'affichage dans une autre langue que le français vont à l'encontre des chartes canadienne et québécoise des droits ; le gouvernement Bourassa passe outre à ce jugement en adoptant la loi 178 ; le Manitoba se dissocie de l'Accord du Lac Meech.

1989   L'opposition à l'Accord du Lac Meech prend de plus en plus d'ampleur au Canada anglais ; réélection du gouvernement Bourassa en septembre, tandis que le PQ, dirigé par Jacques Parizeau et qui préconise l'indépendance du Québec, remporte 40 pour 100 du suffrage populaire ; quatre circonscriptions montréalaises majoritairement anglophones élisent des membres du Parti Égalité.

Typographie et mise en pages :
Mégatexte, Montréal.

Achevé d'imprimer
en avril 1990
MARQUIS
Montmagny, QC